IREUS SCHRIFTENREIHE BAND 4

COLIN GEE   ULRIKE KELLER   PETER TREUNER

INFRASTRUKTURELLE UND
WIRTSCHAFTSSTRUKTURELLE
BESTIMMUNGSGRÜNDE DER
INDUSTRIELLEN STANDORTWAHL

HERAUSGEBER

INSTITUT FÜR RAUMORDNUNG UND ENTWICKLUNGSPLANUNG
DER UNIVERSITÄT STUTTGART
DIREKTOR: PROF. DR. SC. POL. PETER TREUNER

Anschrift:

Institut für Raumordnung
und Entwicklungsplanung
der Universität Stuttgart
Pfaffenwaldring 07
Postfach 1140
7000 Stuttgart 80 (Vaihingen)

ISBN   3-921882-03-6
Institut für Raumordnung und
Entwicklungsplanung der Universität Stuttgart, 1980
Auslieferung durch das Institut

Gesamtherstellung: **aku** - Fotodruck GmbH, 8600 Bamberg

INHALTSVERZEICHNIS

Seite

VORBEMERKUNG   VI

1. Ziele der Untersuchung   1

2. Die Begründung des Untersuchungsansatzes   3

3. Die Infrastrukturausstattung der Nahbereiche als erklärende Variable des Ansiedlungsverhaltens   10

3.1 Die der Untersuchung zugrundeliegenen Daten   10

3.1.1 Die Daten zu den neuangesiedelten Industriebetrieben   10

3.1.2 Die Abgrenzung der räumlichen Untersuchungseinheiten   15

3.1.3 Die Kennzeichnung der Nahbereiche nach ansiedlungs-
      relevanten Merkmalen   16

3.1.3.1 Materielle Infrastruktur   16

3.1.3.2 Die räumliche Lage   21

3.1.3.3 Die Zahl der Einwohner   21

3.2 Die Beschreibung der Nahbereiche nach der Infrastruktur-
    ausstattung   22

3.3 Untersuchungen zur Bedeutung der Infrastrukturkomponenten
    für das Wanderungsverhalten   24

3.4 Die der Untersuchung zugrundeliegenden Thesen und ihre
    Operationalisierung   29

3.5 Ergebnisse der Prüfung der Thesen   44

3.5.1 Das Standortwahlverhalten der Wanderer insgesamt   44

3.5.2 Das Standortwahlverhalten der Nahwanderer   47

3.5.3 Das Standortwahlverhalten der Fernwanderer   54

3.5.4 Das Standortwahlverhalten nach Errichtungsarten   58

3.5.5 Das Standortwahlverhalten nach Branchen   60

3.5.6 Das Standortwahlverhalten nach Betriebsgrößen   63

3.6 Schlußfolgerungen   65

4. Die Untersuchung des Einflusses wirtschaftsstruktureller
   Merkmale der Nahbereiche auf das Wanderungsverhalten   67

4.1 Oberblick über die Untersuchung   67

4.2 Die Auswahl und Aufbereitung der Daten   72

4.2.1 Die Qualität von Arbeitsplätzen   72

4.2.1.1 Die Bestimmung der Merkmale   72

4.2.1.2 Die Quantifizierung der Indikatoren   76

4.2.1.3 Die Prüfung der Indikatoren auf Substituierbarkeit   77

Seite

4.2.1.4   Die Bestimmung der RASS-gruppenspezifischen
          Arbeitsplatzqualität   80

4.2.1.5   Die verwendeten Definitionen von Arbeitsplatzqualität   85

4.2.1.6   Die Verteilung der Beschäftigten in den Nahbereichen
          nach Industriezweigen   89

4.2.2   Die Mobilitätsbereitschaft der Arbeitnehmer   89

4.2.3   Das Potential an Arbeitskräften   92

4.3   Die Durchführung der Analysen   95

4.3.1   Die Bestimmung von nahbereichsspezifischen
          Konkurrenzindizes   95

4.3.2   Die untersuchten Wanderungsgruppen   101

4.3.3   Das Auswertungssystem und seine Methoden   105

4.3.4   Die Interpretation der Ergebnisse   114

4.3.5   Erste Anwendung des Auswertungssystems   119

4.4   Die Ergebnisse der Auswertungen   121

4.4.1   Die Auswahl von Standorten aus der Gesamtheit der
          Ansiedlungsalternativen   121

4.4.1.1   Das Wanderungsverhalten der Betriebe insgesamt   127

4.4.1.2   Das Wanderungsverhalten von Betrieben niedriger
          Arbeitsplatzqualität   134

4.4.1.3   Das Wanderungsverhalten nach RASS-Gruppen   136

4.4.1.4   Der Einfluß von Monopoltendenzen der industriellen
          Beschäftigung in den Nahbereichen auf das
          Wanderungsverhalten   139

4.4.2   Die Ansiedlungsgunst der ausgewählten Nahbereiche im
          Vergleich zu der der alten Standorte   142

4.4.2.1   Das Wanderungsverhalten der Betriebe insgesamt   143

4.4.2.2   Das Wanderungsverhalten von Betrieben niedriger
          Arbeitsplatzqualität   146

4.4.2.3   Das Wanderungsverhalten nach RASS-Gruppen   148

4.4.2.4   Der Einfluß von Monopoltendenzen der industriellen
          Beschäftigung in den Nahbereichen auf das
          Wanderungsverhalten   150

5.   Die Beurteilung der Untersuchungsergebnisse aus
          regionalpolitischer Sicht   152

VERZEICHNIS DER TABELLEN UND ÜBERSICHTEN

		Seite
Übersicht 3.1	Synoptische Darstellung der verwendeten Systematiken der Industriegruppen	12
Tabelle 3.2	Innerhalb Nordrhein-Westfalens gewanderte Industriebetriebe nach Errichtungsart und RASS-Gruppe 1955-1971	13
Tabelle 3.3	Über die Grenzen Nordrhein-Westfalens ab- und zugewanderte Industriebetriebe nach Errichtungsart und RASS-Gruppe 1955-1971	14
Übersicht 3.4	Zusammenfassung verwendeter Gewichtungsschemata für die Infrastrukturindexberechnungen und Ergebnisse der entsprechenden Korrelationsanalysen	25
Tabelle 3.5	Verteilung der Nahbereiche insgesamt und der Zuwanderungen nach Infrastrukturindexklassen, 1955-1971	29
Tabelle 3.6	Gewanderte Betriebe nach Errichtungsart und ausgewählten RASS-Gruppen sowie der Wanderungsentfernung	31
Tabelle 3.7	Innerhalb Nordrhein-Westfalens gewanderte Industriebetriebe nach Raumtypen und ausgewählten Gruppen von Betrieben	33
Übersicht 3.8	Durchgeführte Auswertungen zur Infrastrukturausstattung der alten und neuen Standorte von Betrieben	43
Tabelle 3.9	Das Standortwahlverhalten der Wanderer insgesamt	45
Tabelle 3.10	Innerhalb Nordrhein-Westfalens nahgewanderte Industriebetriebe nach Raumtypen	48
Tabelle 3.11	Das Standortwahlverhalten der Nahwanderer	49
Tabelle 3.12	Die Verteilung der Nahwanderer nach dem Rangplatz des neuen Standorts für potentielle Standorte innerhalb 20 km	51
Tabelle 3.13	Die Verteilung der Nahwanderer nach dem Rangplatz des neuen Standorts für potentielle Standorte innerhalb 40 km	52
Tabelle 3.14	Innerhalb Nordrhein Westfalens ferngewanderte Industriebetriebe nach Raumtypen	55
Tabelle 3.15	Das Standortwahlverhalten der Fernwanderer	56
Tabelle 3.16	Die Verteilung der Fernwanderer nach dem Rangplatz des neuen Standorts für potentielle Standorte innerhalb der gewanderten Distanz	57
Tabelle 3.17	Die Verteilung der Fernwanderer nach dem Rangplatz des neuen Standorts für potentielle Standorte mit gleicher oder größerer Distanz zum alten Standort	59

Seite

Übersicht 3.18   Kennzeichnung der RASS-Industriegruppen nach
                  Wachstumskriterien: Vergleich zur Gesamtent-
                  wicklung der Industrie der Bundesrepublik
                  Deutschland 1958-1971   61

Tabelle 4.1   Bestimmtheitsmaße einfacher linearer
                  Korrelationsanalysen zwischen den Indi-
                  katoren zur Arbeitsplatzqualität für
                  Industriezweige   78

Tabelle 4.2   Die höchsten Bestimmtheitsmaße der durch-
                  geführten einfachen nichtlinearen Korre-
                  lationsanalysen zwischen den Indikatoren
                  zur Arbeitsplatzqualität für Industriezweige   78

Übersicht 4.3   Ergebnisse der Cluster-Analysen: Zuordnung der
                  Industriezweige zu 3, 4 und 5 Clustern   84

Übersicht 4.4   Verwendete Definitionen der branchen- bzw.
                  RASS-gruppenspezifischen Arbeitsplatzqualität   88

Tabelle 4.5   Anzahl der berücksichtigten Auswertungen nach
                  Wanderungsgruppen für Konkurrenzindizes vom
                  Typ I und II   104

Übersicht 4.6   Ergebnisse der χ^2-Tests der Auswertungsläufe
                  nach dem höchsten errechneten Grenz-Signifi-
                  kanzniveau   115

Übersicht 4.7   Ergebnisse der χ^2-Tests für ausgewählte
                  Größenklassen von Standorten   120

Übersicht 4.8   Beurteilung der Abweichungen zwischen Basis-
                  verteilung und Zuwanderungsverteilung der
                  Nahbereiche nach Definitionen von Arbeitsplatz-
                  qualität und Gruppen der gewanderten Betriebe   156

Übersicht 4.9   Beurteilung der Abweichungen zwischen Abwan-
                  derungs- und Zuwanderungsverteilung der Nah-
                  bereiche nach Definitionen von Arbeitsplatz-
                  qualität und Gruppen der gewanderten Betriebe   158

- V -

VERZEICHNIS DER ABBILDUNGEN
                                                                    Seite

Abbildung 3.1   Verteilung der Nahbereiche sowie der neuen
                 Standorte nach Infrastrukturausstattungs-
                 indexklassen und Raumtypen   39

Abbildung 4.1   Beste Anpassungsfunktion - Indikatoren
                 3 und 4 zur Arbeitsplatzqualität   79

Abbildung 4.2   Arbeitsplatzqualität innerhalb ausgewählter
                 RASS-Gruppen   83

Abbildung 4.3   Verteilung der Nahbereiche nach dem Anteil
                 des größten Industriebetriebs an den Industrie-
                 beschäftigten im Nahbereich nach zwei Größen-
                 klassen von Nahbereichen, 1958-1971   91

Abbildung 4.4   Häufigkeitsdiagramme für die Nahbereiche ins-
                 gesamt in den Jahren 1958-1971 und ausge-
                 wählten Zeiträumen nach Konkurrenzindexklassen   98

Abbildung 4.5   Anteil der Nahbereiche an den Nahbereichen
                 insgesamt (1958-70), die keine Beschäftigten
                 in Branchen mit höherer Arbeitsplatzqualität
                 als die RASS-Gruppe 3 aufweisen   100

Abbildung 4.6   Logischer Ablauf des ersten Teils des Aus-
                 wertungssystems   106

Abbildung 4.7   Darstellung der Glättungsprinzipien   108

Abbildung 4.8   Logischer Ablauf des zweiten Teils des Aus-
                 wertungssystems   109

Abbildung 4.9   Graphisches Beispiel für die Wirkung des
                 Glättungsprozesses   110

Abbildung 4.10   Beispiel einer systemerzeugten Computergraphik
                 der Verteilungen   112

Abbildung 4.11   Schematische Darstellung der Verläufe zweier
                 zu vergleichender Verteilungen nach Abweichungs-
                 typen   118

VORBEMERKUNG

Die vorliegende Arbeit entstand mit finanzieller Unterstützung der
Deutschen Forschungsgemeinschaft. Sie beruht zu einem erheblichen Teil
auf Datenmaterial, das im Zuge vorangegangener Forschungsarbeiten am
Institut für Raumordnung und Entwicklungsplanung der Universität Stuttgart
aufbereitet worden war, insbesondere im Rahmen der Untersuchung zur
"Standortwahl der Industriebetriebe in Nordrhein-Westfalen 1955-71", die
von Uwe Spanger und Peter Treuner durchgeführt wurde. Aufgrund neuer
Datenschutzbestimmungen war die geplante Fortschreibung (und Analyse)
der statistischen Unterlagen zu den Wanderungen von Industriebetrieben
über das Jahr 1971 hinaus nicht möglich.

Nach dem Ausscheiden von Uwe Spanger als Projektbearbeiter übernahm
Colin Gee die Beratung und zum Teil die Bearbeitung methodischer, daten-
und programmiertechnischer Probleme, während Ulrike Keller die inhaltliche
Konzeption in Abstimmung mit den Co-Autoren unter der Leitung von Peter
Treuner weiterentwickelte. Die Interpretation der rechnerischen Ergebnisse
wurde gemeinsam vorgenommen.

Zu danken ist insbesondere Frau Wierer, Herrn Troost und Herrn Schenk vom
Landesamt für Datenverarbeitung und Statistik, ohne deren Informations-
und Kooperationsbereitschaft der zweite (wirtschaftsanalytische) Teil der
Untersuchung nicht in der vorliegenden Form hätte erstellt werden können.
Die wissenschaftlichen Hilfskräfte Geoffrey Holliday und Johann Hrebicek
haben bei der umfangreichen Produktion von Rechenläufen sehr geholfen
und Frau Antje Folge und Frau Else Feuchter haben mit viel Geduld die
meisten Schreibarbeiten für das Projekt geleistet.

1. Ziele der Untersuchung

Die räumliche Mobilität von Industriebetrieben ist Ausdruck sich ändernder Produktions- und Absatzbedingungen, unter anderem im Zuge des sektoralen Wandels. Die Beschäftigungseffekte, die von den wandernden Betrieben (Total- oder Teilverlagerungen durch Errichtung von Zweigbetrieben) sowohl am Ziel- als auch am Herkunftsort ausgelöst werden, sind ein nicht unwesentliches Element der Entwicklung, das unter den Zielen der Raumordnungspolitik zu beurteilen ist. Ist die Schaffung von industriellen Arbeitsplätzen in schwach entwickelten oder ungünstig strukturierten Regionen unter dem rein quantitativen Aspekt des Zugangs von Arbeitsplätzen zunächst in den meisten Fällen wünschenswert, so erscheint aus regionalpolitischer - möglicherweise im Gegensatz zur gesamtwirtschaftlichen - Sicht eine sektoral und regional differenzierende Industrieförderungspolitik erforderlich, um dauerhafte Arbeitsplätze zu schaffen, die geeignet sind, langfristig den räumlichen Ungleichgewichten im Beschäftigungs- und Einkommensbereich entgegenzuwirken.

Eine Voraussetzung für Erfolgsaussichten einer derartigen - bis jetzt auch aufgrund fehlenden Instrumentariums noch nicht praktizierten - spezifizierenden Förderungspolitik ist die Kenntnis der Ansprüche der Industriebetriebe bzw. -unternehmen, die durch einen (eventuell nur teilweisen) Standortwechsel befriedigt werden sollen. Gelingt es, im Bereich der infrastrukturellen Ausstattung von Standorten klare Ansiedlungsdeterminanten zu bestimmen, so würde das den regionalpolitischen Instanzen die Möglichkeit eröffnen, finanzielle Mittel nicht nur zur Subventionierung einzelner Unternehmen zur Beeinflussung von Standortentscheidungen einzusetzen, sondern noch stärker die Attraktivität förderungswürdiger Gebiete für die Industrieansiedlung über Maßnahmen der Infrastrukturpolitik zu erhöhen.

Die Ergebnisse der ersten Phase dieser Untersuchung unterstützen die Vermutung, daß zwar mit Infrastruktur gut ausgestattete Standorte vergleichsweise viele Ansiedlungen auf sich ziehen, daß aber der Ausstattungsgrad allein nicht die Standortentscheidung bestimmt. Andere Gegebenheiten haben offensichtlich eine wichtige Bedeutung. Deshalb wurde der Untersuchung wirtschaftsstruktureller Faktoren in einer zweiten Untersuchungsphase besondere Beachtung geschenkt. Dieser Teil der Arbeit stand unter dem Aspekt, mit Hilfe ausgewählter Merkmale standortspezifische Konkurrenzverhältnisse auf den regionalen Arbeitsmärkten zu bestimmen und zur Erklärung des Wanderungsverhaltens heranzuziehen. Wenn aus den Ergebnissen abzuleiten ist, daß die Notwendigkeit der Beschaffung von Arbeitskräften das Standortwahlverhalten wandernder Betriebe entscheidend bestimmt, können politische Maßnahmen, die die Wanderung von Industriebetrieben beeinflussen sollen, die diesen Faktor nicht einbeziehen, nur von begrenzter Wirkung sein. Darüberhinaus sollte aufgezeigt werden, inwieweit die Wanderungen von Industriebetrieben, wie sie im Untersuchungszeitraum abliefen, tendenziell auf regionale Disparitäten der industriellen Beschäftigungsmöglichkeiten einwirkten. Läßt sich nachweisen, daß die regionale Mobilität von Industriebetrieben bestehende Ungleichgewichte tendenziell aufrechterhält oder sogar verstärkt, kommt der Frage nach den Möglichkeiten der Beeinflussung von Standortentscheidungen umso größere Bedeutung zu.

Die Untersuchung basiert auf Erhebungen der Bundesanstalt für Arbeit zu den in den Jahren 1955 - 71 innerhalb und über die Grenzen des Landes Nordrhein-Westfalen gewanderten Industriebetrieben und der Beschreibung von zu Nahbereichen aggregierten Gemeinden für diesen Zeitraum nach infrastrukturellen und wirtschaftsstrukturellen Merkmalen, wozu Unterlagen der amtlichen Statistik und anderes sekundärstatistisches Material verwendet wurde, das zum Teil bereits im Zuge einer vorangegangenen Untersuchung[1] aufbereitet worden war.

---

[1] Spanger, U.; Treuner, P.: Standortwahl der Industriebetriebe 1955 -71, in: Schriftenreihe der Landes- und Stadtentwicklungsforschung des Landes Nordrhein-Westfalen, Band 1.003, Dortmund 1975.

2. Die Begründung des Untersuchungsansatzes

Die vorliegende Untersuchung geht von der Prämisse aus, daß Unternehmer Standortentscheidungen nach betriebswirtschaftlichen Gesichtspunkten treffen. Prominenter Kritiker dieser Annahme ist unter anderen J. K. Galbraith, dessen Meinung auch in der allgemeinen Öffentlichkeit Aufmerksamkeit gefunden hat. Nach seiner Auffassung wurden schon in der Vergangenheit und werden zunehmend Standortentscheidungen "aufgrund anderer als der von der herkömmlichen Standorttheorie vertretenen Faktoren getroffen (werden), denn diese hätten im Lauf der Zeit weitgehend von ihrer vermutlichen Bedeutung verloren... . Statt dessen trete in der wirtschaftlichen Praxis ein anderer Faktor auf: Galbraith bezeichnete ihn im weitesten Sinne als Qualität der physischen und psychischen Umwelt."[1] Das Vorhandensein solcher von Galbraith "subjektiv" genannten Entscheidungsfaktoren haben die traditionelle Standorttheorie und die darauf beruhenden empirischen Untersuchungen allerdings nicht negiert, sondern unter dem Begriff "Persönliche Präferenzen" zumindest ansatzweise in einen Zusammenhang mit den betriebswirtschaftlich zu berücksichtigenden Standortfaktoren gesetzt.

Persönliche Präferenzen als allein standortbestimmend zu betrachten, wäre allerdings nur unter der wenig realistischen Annahme möglich, daß die spezifisch betriebswirtschaftlich begründeten Anforderungen in jedem Standort hinreichend erfüllt werden können. Es erscheint aber durchaus plausibel, anzunehmen, daß der neue Standort letztlich aufgrund persönlicher Präferenzen aus den von betriebswirtschaftlichen Gesichtspunkten her geeignet erscheinenden Ansiedlungsalternativen ausgewählt werden kann oder daß - vielleicht auch unbewußt - persönliche Präferenzen einen "Filter" darstellen können, der die in die Entscheidung eingehenden Informationen beeinflußt bzw. dazu führt, daß das Ergebnis der Entscheidung nicht mehr aus nur betriebswirtschaftlichen Gesichtspunkten resultiert. Ausgewählt wird allerdings unter dieser Annahme vielleicht nicht der "objektiv" am besten geeignete, sondern nur ein die Anforderungen immerhin ausreichend erfüllender Standort.

Die Erwartung, daß Betriebe den betriebswirtschaftlich günstigsten Standort

---

[1] "Schein und Wirklichkeit industrieller Standortpolitik" (Bericht über einen Vortrag von J. K. Galbraith) in: Neue Züricher Zeitung vom 26.5.78.

auswählen, kann weiterhin nur unter der unseres Erachtens ebenfalls nicht realistischen Annahme vollständiger Information der Entscheidungsbeteiligten bestehen, die Kenntnisse über die gesamte Spannweite der "Qualitätsniveaus" der verfügbaren Standorte vermittelt.

In dieser Untersuchung wird deshalb von dem Ansatz ausgegangen, daß zwar be-
triebswirtschaftliche Kriterien die Standortwahl bestimmen, daß aber die Entscheidungen nicht in jedem Fall zugunsten des im betriebswirtschaftlichen
Sinne "besten", sondern eines die Anforderungen des Betriebes "hinreichend"
erfüllenden Standorts getroffen werden. Entsprechend werden die Ergebnisse
beurteilt. Für Teil- oder Totalverlagerungen ist ein Standort möglicherweise
bereits dann geeignet, wenn die Anforderungen im Bereich von Engpaßfaktoren,
die zur Aufgabe des alten Standorts führten, realisiert werden können bzw.
wenn vermutet wird, daß sie realisiert werden können.

Die Errichtung von Industriebetrieben im Zuge von Neugründungen von Unternehmen wird in die Untersuchung nicht einbezogen. Dem liegt die Annahme zu-
grunde, daß bereits bestehende Betriebe infolge besserer Kenntnisse über ge-
genwärtige oder zukünftig zu erwartende Standortanforderungen in höherem Maße
eine mehrere Alternativen berücksichtigende, betriebswirtschaftlich begründete Standortentscheidung treffen können, während neugegründete Betriebe sich
häufig am Wohnort der Gründer ansiedeln.[1]

Die Untersuchung soll einen Beitrag dazu leisten, die Relevanz ausgewählter
infrastruktureller und wirtschaftsstruktureller Merkmale in Zusammenhang mit
der räumlichen Lage von Standorten für die Industrieansiedlung zu bestimmen,
wobei Merkmale aus dem Bereich der materiellen Infrastruktur - und hierunter
wiederum die Verkehrseinrichtungen in besonderem Maße - ausgewählt werden;
ebenso werden wirtschaftsstrukturelle Phänomene daraufhin betrachtet, ob
bzw. wie sie über die Beschreibung standortspezifischer Arbeitsmarktsituationen zur Erklärung des Ansiedlungsverhaltens verwendet werden können. Die
Auswahl dieser beiden Merkmalsbereiche läßt sich mit Ergebnissen empirischer
Untersuchungen zu Bestimmungsfaktoren der Standortwahl industrieller Betriebe begründen, von denen einige im folgenden kurz skizziert werden sollen.

Nach Brede[2], der eine "Hierarchie der Standortfaktoren" aufgestellt hat,

---

[1] Siehe die Ergebnisse von Fürst, D.; Zimmermann, K.: Standortwahl industrieller Unternehmen, in: Schriftenreihe der Gesellschaft für Regionale Struk-
turentwicklung Bonn, Band 1, Bonn 1973, S. 79.

[2] Brede, H.: Bestimmungsfaktoren industrieller Standorte, Berlin 1971,
S. 60 ff.

nehmen die Arbeitskräfte den ersten Rang ein, gefolgt von Boden, Absatzmarkt, Steuern und öffentlichen Vergünstigungen, Transportkosten und Verkehrslage und Fühlungsvorteilen. Persönliche Präferenzen stehen mit sonstigen, für einzelne Betriebe relevanten Standortfaktoren wie Rohstoffvorkommen an letzter Stelle der Rangskala. Die Hierarchie zeigt geringfügige Änderungen je nach Produktionsweise und Betriebstyp.

Andere Autoren haben für verschiedene Errichtungsarten von Betrieben auch eine unterschiedliche Bewertung einzelner Standortfaktoren ermittelt; referiert werden hier - soweit differenziert werden kann - nur diejenigen, die Betriebsverlagerungen und die Gründung von Zweigbetrieben betreffen.

Die Untersuchungen zur "Standortwahl der Industriebetriebe in der Bundesrepublik Deutschland"[1] - die auch Neugründungen einbeziehen - stellen während des Untersuchungszeitraums wechselnde Tendenzen fest: "Aus den Gründen, die von den einzelnen Betrieben als für die Standortwahl bestimmend genannt worden sind, ist zu entnehmen, daß im Berichtszeitraum nicht mehr - wie zuvor - die Beschaffung von Arbeitskräften an erster Stelle genannt worden ist, sondern die mangelnden räumlichen Ausdehnungsmöglichkeiten am alten bzw. die Beschaffung von geeignetem Gelände am neuen Standort. Während nämlich 1964/65 unter den angegebenen Ansiedlungsgründen 43 % auf die Beschaffung von Arbeitskräften und 38 % auf die räumlichen Ausdehnungs- bzw. Ansiedlungsmöglichkeiten entfallen waren, lauteten die entsprechenden Werte für den Ansiedlungszeitraum 1966/67 32 % und 47 % ... Die Transportkosten bzw. Nähe zum Absatzmarkt als Ansiedlungsgründe liegen aber nach wie vor an dritter Stelle mit 12 % (1964/65: 10 %)."

Somit scheint mit abnehmendem Druck der Nachfrage nach Arbeitskräften dieser Standortfaktor relativ an Bedeutung zu verlieren; trotzdem ist anzunehmen, daß eine die längerfristigen Ertragsaussichten berücksichtigende Entscheidung zugunsten eines Standorts die Möglichkeiten der Arbeitskräftebeschaffung auch in den Jahren wirtschaftlicher Abschwächung berücksichtigt. Die Zunahme der Arbeitslosenzahlen im Zeitraum um das Jahr 1967 bedeutet nicht notwendigerweise für Unternehmer aller Wirtschaftssektoren eine Sicherung des Arbeitskräftebedarfs; in Nordrhein-Westfalen standen z.B. im Jahr 1967 insgesamt ei-

---

[1]"Die Standortwahl der Industriebetriebe in der Bundesrepublik Deutschland: Verlagerte, neuerrichtete und stillgelegte Industriebetriebe in den Jahren 1966 und 1967"; hrg. vom Bundesminister für Arbeit und Sozialordnung, bearbeitet im Institut für Raumordnung, Bonn 1968, S. 31.

ner offenen Stelle 1,7 Arbeitslose gegenüber, im Bereich der holzverarbeiten-
den und zugehörigen Berufe jedoch nur 0,8, im Bereich Nahrungs- und Genußmit-
telherstellung nur 0,7.[1] Auch für die Jahre wirtschaftlicher Abschwächung
während des Untersuchungszeitraumes schien die Bedeutung des Standortfaktors
Arbeitskräfte für das Wanderungsverhalten gegeben zu sein, zumal, da anzunehmen ist, daß in den einzelnen Regionen eines Gesamtraumes auch dann eine Knapp-
heit an Arbeitskräften bestimmter Qualifikationen bestehen kann, wenn der Arbeitsmarkt insgesamt einen Mangel an Beschäftigungsmöglichkeiten zeigt.

Nach den Ergebnissen von Fürst/Zimmermann[2] kommt für Zweigbetriebe der Verkehrslage von Standorten die größte Bedeutung zu, gefolgt von dem Arbeitskräftepotential, finanziellen Hilfen und Grund und Boden; verlagernde Betriebe berücksichtigen hauptsächlich das Angebot an Grundstücken und finanziellen Hilfen, während die Verkehrsanbindung und die Arbeitskräfte den dritten bzw.
vierten Rang einnehmen. Dennoch bezeichnen die Verfasser die Verkehrslage
auch für die Betriebsverlagerungen als "conditio sine qua non". Die unterschiedliche Rangfolge der Standortfaktoren erkläre sich dabei aus den An-
lässen, die den Standortwechsel ausgelöst haben: "So ist beispielsweise für
Betriebsverlagerer der häufigste Grund, den alten Standort aufzugeben, das
fehlende Erweiterungsgrundstück, entsprechend rangieren unter den wichtigsten
Standorteigenschaften die Kriterien ausreichender und preiswerter Grundstücke
ganz oben. Ähnlich verhält es sich mit Zweigstellengründungen, deren Erweite-
rungsengpaß im Arbeitskräftemangel liegt - entsprechend gilt für ihre Rang-
ordnung der Standortfaktoren, daß das Vorhandensein von Arbeitskräften (speziell: ungelernten) am bedeutsamsten ist."[3]

Jochimsen und Treuner[4] kommen nach der Auswertung von Arbeitsamtbefragun-
gen zu dem Ergebnis, daß hauptsächlich vermutete Arbeitskräftereserven (diese werden von Zweigbetrieben deutlich stärker berücksichtigt als von verla-

---

[1] Kridde, H.; Bach, H.-U.: Arbeitsmarktstatistische Zahlen in Zeitreihenform.
Jahreszahlen für Bundesländer und Landesarbeitsamtsbezirke - Ausgabe 1974,
in: Beiträge zur Arbeitsmarkt- und Berufsforschung 3.2, hrsg. vom Institut
für Arbeitsmarkt- und Berufsforschung der Bundesanstalt für Arbeit, Nürnberg.

[2] Fürst, D.; Zimmermann, K.: Standortwahl industrieller Unternehmen, a.a.O.,
S. 73.

[3] Ebenda, S. 12.

[4] Jochimsen, R.; Treuner, P.: Zentrale Orte in ländlichen Räumen unter besonderer Berücksichtigung der Möglichkeiten der Schaffung zusätzlicher
außerlandwirtschaftlicher Arbeitsplätze, in: Mitteilungen aus dem Institut für Raumforschung, Heft 58, Bad Godesberg 1967, S. 33.

gerten Betrieben) und die räumlichen Gegebenheiten am neuen Standort, das heißt
verfügbare Grundstücke oder beziehbare Fabrikationsräume, die Standortentscheidung am stärksten beeinflussen; den Faktoren Nähe zum Absatzmarkt und Verkehrsanbindung kommt demgegenüber eine geringere Bedeutung zu.

Die angeführten empirischen Untersuchungen ermöglichen zwar erste Aussagen
zum Stellenwert einzelner Standortfaktoren; auf welchem Anspruchsniveau jedoch die Anforderungen an einen neuen Standort realisiert werden, kann erst
dadurch bestimmt werden, daß standortspezifische Ausprägungen von Merkmalen,
die inhaltlich den Bereichen der von den Betrieben als relevant betrachteten
Standortfaktoren zuzuordnen sind, in Beziehung zum Wanderungsverhalten gesetzt und die Beziehungen statistisch untersucht werden; dieses Vorgehen erlaubt die Bestimmung von Standorttypen nach dem Grad ihrer Attraktivität für
standortsuchende Unternehmen. Entsprechend wurde diese Untersuchung konzipiert:
anhand sekundär-statistischen Materials wurde die Gesamtheit der möglichen Ansiedlungsorte innerhalb Nordrhein-Westfalens nach ausgewählten Merkmalen beschrieben, um zu prüfen, ob die ausgewählten Standorte bestimmte Merkmalsausprägungen aufweisen, die als auswahlbestimmend gelten können.

Eine Untersuchung der Verfügbarkeit von Flächen für gewerbliche Zwecke in
Hinsicht auf das Wanderungsverhalten wurde nicht vorgenommen; der damit ver-
bundene Zeit- und Arbeitsaufwand für die Beschaffung von Daten konnte im Rahmen des Projekts nicht realisiert werden.

Ein ausgewählter Merkmalsbereich zur Beschreibung von Standorten ist deren Infrastrukturausstattung. Zum einen ist eine gewisse infrastrukturelle Ausstattung von Standorten Grundbedingung der arbeitsteiligen Produktion und ein nachweisbar wichtiges Kriterium der Standortwahl[1]. Zum anderen werden Investitionen im produktionsrelevanten Infrastrukturbereich in der Regel von der öffentlichen Hand vorgenommen, unterliegen politischen Entscheidungen und sind deshalb ein mögliches und praktiziertes Instrument der Regionalpolitik. Wenn
nachgewiesen werden kann, daß das Infrastrukturausstattungsniveau von Standorten einen Einfluß auf die Ansiedlungshäufigkeiten in Standorten hat, eröff-
net das für die Regionalpolitik die Möglichkeit, finanzielle Mittel nicht nur
zur direkten Subventionierung einzelner Unternehmen einzusetzen, sondern auch
zum gezielten Ausbau der für Industriebetriebe relevanten Infrastruktureinrichtungen, um unter anderem eine im Sinne des politischen Zielsystems positive
Entwicklung der Beschäftigungsmöglichkeiten in zu fördernden Regionen zu in-

---

[1] Vgl. dazu: Spanger, U.; Treuner, P.: Standortwahl der Industriebetriebe
1955 - 71, a.a.O.

duzieren. Unternehmensorientierte Infrastrukturinvestitionen wirken möglicherweise über den Bereich der Industrieansiedlung hinaus im Sinne einer Steige-
rung des Versorgungsgrades und daher der Attraktivität von so geförderten Regionen, z.B. für den tertiären Sektor und für die privaten Haushalte. Infra-
strukturpolitische Maßnahmen können aber nur dann begründet im Sinne einer
Steuerung der regionalen Mobilität von Betrieben eingesetzt werden, wenn
nachgewiesen werden kann, daß mit zunehmendem Ausstattungsniveau die Attraktivität von Standorten für Industrieansiedlung steigt. Wenn jedoch die betrieblichen Anforderungen an das standortspezifische Angebot an Infrastrukturlei-
stungen auf dem Niveau erfüllt werden können, das die Mehrheit der Standorte
bereits innehat, können von zusätzlichen Investitionen höchstens geringe Effekte erwartet werden. Einen Beitrag zu dieser Frage zu leisten, ist das zentrale
Anliegen des ersten Teils dieser Untersuchung.

Zur Beschreibung der Standorte nach ihrer infrastrukturellen Ausstattung werden nicht nur die Verkehrsverbindungen, sondern auch andere Einrichtungen herangezogen, und zwar Verwaltungsbehörden und Ausbildungsstätten (Gymnasien und
Universitäten). Diese sind einmal als Standortfaktoren zu sehen, die eine ra-
tionale Begründung der Standortwahl unterstützen können (durch das Vorhandensein von ausgebildeten Arbeitskräften, Kontaktmöglichkeiten zu administrati-
ven Stellen und dergl.). Zum anderen besteht aber auch die Möglichkeit, daß
sie den erwähnten persönlichen Präferenzen entgegenkommen, weil das Vorhandensein solcher Einrichtungen unter Umständen als Indikator der Qualität des
Wohnumfelds gelten kann und damit auf ein erweitertes Angebot auch in Richtung
auf die Befriedigung von Bedürfnissen im privaten Bereich hindeuten kann. Vor
dem Hintergrund der finanziellen und zeitlichen Beschränkungen der Untersuchung wurde der hier angesprochene und in Kap. 3 genauer beschriebene Merkmalskatalog aufgestellt, der sicherlich nicht alle relevanten, aber nach Meinung der Verfasser die wichtigsten Komponenten der Infrastrukturausstattung
in Hinsicht auf die Standortentscheidung von Industriebetrieben hinreichend
beinhaltet.

Als Indikator von Standortbedingungen über die Ausstattung mit den erwähnten
Einrichtungen der materiellen Infrastruktur hinaus (z.B. im schwierig operationa-
lisierbaren sozialen Bereich oder im Bereich des Angebots an zentralen Gütern
und der Größe potentieller Faktor- und Produktmärkte, aber auch mit steigen-
der Standortgröße in der Regel zunehmend negativ zu beurteilender Agglomerationswirkungen wie z.B. Bodenpreisen) werden auch die Einwohnerzahlen der Nahbereiche, von denen angenommen wird, daß sie in gewisser Weise das allgemeine
Infrastrukturausstattungsniveau repräsentieren, in diesem Teil der Untersuchung

berücksichtigt.

Der zweite Teil der Untersuchung gilt der Frage, inwieweit räumlich differenzierte wirtschaftsstrukturelle Gegebenheiten im Entscheidungsprozeß der Standortwahl (explizit oder implizit) berücksichtigt werden. Wirtschaftsstrukturelle Standortmerkmale werden dabei nicht aufgrund von Liefer- und Absatzverflechtungen als entscheidungsrelevant postuliert. Vielmehr wird unterstellt, daß wirtschaftsstrukturelle Phänomene zur Beschreibung der Situation auf den regionalen Arbeitsmärkten als mögliche Ansiedlungsdeterminante herangezogen werden können. Es soll festgestellt werden, in welcher Weise das Bedürfnis, Arbeitskräfte zu mobilisieren, die Auswahl eines Standortes bestimmt. Dabei ist es nicht ausreichend, die sektorale Verteilung der Beschäftigten als Indikator zur Bestimmung des verfügbaren Arbeitskräftepotentials in den Standorten zu ermitteln; erst in Zusammenhang mit der Bestimmung sektorspezifischer Arbeitsplatzqualitäten können Konkurrenzverhältnisse auf einem Arbeitsmarkt numerisch bestimmt werden[1], aufgrund deren für zuwandernde Betriebe die Chancen analytisch beurteilt werden können, Arbeitskräfte für sich zu gewinnen. Diese Chancen sind umso größer - so lautet die zentrale Hypothese dieser Untersuchung - je attraktiver die Arbeitsplätze eines standortsuchenden Betriebes im Vergleich zu denen der ansässigen Unternehmen von den (potentiellen) Beschäftigten eingeschätzt werden, wobei für Betriebe mit beschäftigungsmäßig hochwertigen Arbeitsplätzen die Anzahl der infrage kommenden Standorte größer ist, während für Betriebe mit geringer Qualität der Arbeitsplätze in der Regel nur strukturell schwache Standorte als Ansiedlungsmöglichkeiten infrage kommen sollten. Die Auswirkungen der regionalen Mobilität von Industriebetrieben führen dann unter Umständen zu einer tendenziellen Aufrechterhaltung oder sogar Verstärkung regionaler Disparitäten, wenn aufgrund der Berücksichtigung von Entscheidungskriterien außerhalb des Faktors Arbeitskräfte strukturschwache Standorte von "guten" Betrieben nicht angenommen werden. Sind die Ergebnisse der Untersuchung in dieser Richtung zu interpretieren, kommt der Frage nach den Möglichkeiten der Beeinflussung von Standortentscheidungen umso größere Bedeutung zu.

---

[1] Die Bestimmung von standortspezifischen Arbeitsmarktbedingungen muß unter Restriktionen vorgenommen werden, die aus der Datenlage herrühren, soweit - wie in dieser Untersuchung - auf eigene Erhebungen verzichtet werden soll. Dieses Problem wird in Kap. 4.2 eingehend behandelt.

3. Die Infrastrukturausstattung der Nahbereiche als erklärende Variable des
Ansiedlungsverhaltens

3.1 Die der Untersuchung zugrundeliegenden Daten[1]

3.1.1 Die Daten zu den neuangesiedelten Industriebetrieben

Die Untersuchung stützt sich auf die Erhebungen über neuerrichtete und verlagerte Industriebetriebe, die von der Bundesanstalt für Arbeit (früher BAVAV)
von 1957 (rückwirkend ab 1955) bis 1972 durchgeführt wurden. Hierzu sind
einige Anmerkungen zu machen, um die Aussagefähigkeit der Untersuchung besser
einschätzen zu können.

Die Erhebungen wurden auf Weisung der Bundesanstalt für Arbeit von den einzelnen Arbeitsämtern für die in ihrem jeweiligen Amtsbereich seit 1955 errich-
teten Industriebetriebe durchgeführt. Bis 1963 wurden grundsätzlich nur solche Fälle erfaßt, die am Ende des Ansiedlungsjahres 50 und mehr Beschäftigte
aufwiesen. Ab 1964 wurde die Erfassung auf Betriebe mit 10 und mehr Beschäftigte ausgedehnt. Eine Reihe von Arbeitsämtern erfaßte jedoch auch Betriebe,
die weniger als 50 bzw. 10 Beschäftigte aufwiesen; neuerrichtete Betriebe mit
weniger als 10 Beschäftigte wurden in der vorliegenden Untersuchung jedoch
für den gesamten untersuchten Zeitraum 1955 bis 1971 nicht berücksichtigt.

Bei der Erfassung der neu angesiedelten Industriebetriebe wurde nach Betriebsverlagerungen, Neuerrichtung von Zweigbetrieben und Neugründungen unterschieden. Von den von der Arbeitsverwaltung erfaßten Merkmalen zu den einzelnen
Fällen wurden folgende Angaben berücksichtigt:

- Jahr der Betriebserrichtung
- neuer Standort (Gemeinde, Kreis, Land)
- alter Standort (bei Verlagerungen) bzw. bei Zweigbetriebsgründungen Standort des Stammwerkes (Gemeinde, Kreis, Land)
- Wirtschaftszweig (Systematik des Bundesministeriums für Arbeit von 1951)
- Zahl der Beschäftigten am Ende des Ansiedlungsjahres.

Für die vorliegende Untersuchung wurden lediglich die Verlagerungen und die
neuerrichteten Zweigbetriebe berücksichtigt. Von diesen wurden für den infrastrukturellen Untersuchungsteil wiederum nur diejenigen ausgewählt, die ihren

---

[1] Die Kapitel 3.1.1, 3.1.2 sowie 3.1.3 sind in großen Teilen übernommen aus
Spanger, U.; Treuner, P.: Standortwahl der Industriebetriebe in Nordrhein-
Westfalen 1955 - 1971, a.a.O.
bzw. geschrieben mit enger Anlehnung an jene Arbeit, da ein Teil des in
dieser Untersuchung berücksichtigten Datenmaterials schon im Zuge vorangegangener Forschungsarbeiten aufbereitet worden war.

Standort innerhalb Nordrhein-Westfalens gewechselt haben; im wirtschaftsstrukturellen Untersuchungsteil wurden auch Betriebe berücksichtigt, die
über die Landesgrenzen wanderten. Aussortiert wurden von den Verfassern
darüber hinaus alle jene Fälle, bei denen nicht von einer Standortentscheidung im eigentlichen Sinne gesprochen werden kann, wie z.B. bei Verkauf,
Konkurs eines Betriebes bzw. einer Unternehmung und Übernahme der gleichen
Produktion durch einen neuen Besitzer, soweit dies erkennbar war. (Diese
Angaben konnten teilweise den Stillegungsmeldungen entnommen werden.) Weiterhin wurden alle jene Fälle eliminiert, bei denen wesentliche Angaben
zur räumlichen Zuordnung des Betriebes fehlten oder bei denen es sich eindeutig nicht um Industriebetriebe handelte[1].

Die Angaben zu altem und neuem Standort wurden verschlüsselt nach der Zugehörigkeit der jeweiligen Gemeinden zu den schon erwähnten Nahbereichen[2].

Die von der Bundesanstalt für Arbeit verwendete Industriegruppensystematik
weicht erheblich von der Systematik der Industrieberichterstattung ab. Da
in diese Untersuchung auch Daten aus der Statistik der Industrieberichterstattung eingehen, war es notwendig, diese beiden Systematiken auf eine
vergleichbare Basis zu bringen. Die Industriegruppeneinteilung der Bundesanstalt für Arbeit läßt sich jedoch nicht ohne weiteres in die Systematik
der Industrieberichterstattung überführen. Deshalb wurde eine eigene Systematik verwendet, mit der die Vergleichbarkeit hergestellt wurde. Die als
RASS[3]-Systematik bezeichnete Gliederung der Industriegruppen umfaßt zwanzig Industriegruppen (siehe Übersicht 3.1). Das Bestreben, dabei den Infor-
mationsverlust möglichst gering zu halten, führte dazu, daß die zwanzig
RASS-Gruppen unterschiedliches Gewicht haben, weil in einigen Fällen die
identischen Abgrenzungen von Industrieberichterstattung und Arbeitsstatistik
keine Änderung erforderten, in anderen Fällen Überschneidungen eine Zusammenfassung zu größeren Gruppen bedingten.

Die Tabellen 3.2 und 3.3 zeigen die in die Untersuchungen eingegangenen Betriebe nach RASS-Gruppen und Errichtungsarten.

---

[1] Hieraus erklären sich die hier auftretenden Abweichungen von den in den
Veröffentlichungen des Bundesministeriums für Arbeit und Sozialordnung
berücksichtigten Zahlen von Betriebsansiedlungen.

[2] Zur Abgrenzung der Nahbereiche siehe Kap. 3.1.2.

[3] Die Abkürzung RASS steht für den Arbeitstitel "Räumliche Aspekte des sektoralen Strukturwandels", einer Untersuchung von P. Treuner, Kiel 1971
(unveröffentlichtes Manuskript).

Übersicht 3.1: Synoptische Darstellung der verwendeten Systematiken der
Industriegruppen[1]

RASS Bezeichnung	Kenn-ziffer	Industrie-bericht-erstattung[2][3]	Arbeits-statistik[4]
Steine u. Erden, Glas, Keramik	01	25, 51, 52	7, 8, 9, 10
Metallbearbeitende Industrie	02	27, 28, 29, 30	11, 12, 14, 15
EBM-, Schmuckwarenindustrie	03	38, 3950, 3960	13
Metall-, Maschinen- u. Landfahrzeugbau	04	31, 32, 33	16, 17a, 17b, 17d
Schiffbau	05	34	17c
Luftfahrzeugbau	06	35	17e
Elektrotechn. Ind.	07	36	18
Feinmech. u. optische Ind.	08	37	19
Chemische u. kunststoffverarb. Ind.	09	40, 42, 58	20
Textilindustrie	10	63	21
Papierindustrie	11	56	22
Druckereiindustrie	12	57	23
Lederindustrie	13	61, 6210	24
Gummi- u. asbestverarb. Industrie	14	59	25
Holzbe- u.-verarbeitende Industrie	15	53, 54, 55, 3940	26, 27, 28, 39c2
Musik- u. Spielwarenindustrie	16	3910, 3920, 3930	29
Ernährungsind.	17	68	30, 31, 32, 33, 35
Tabakverarb. Ind.	18	69	34
Bekleidungsind.	19	64	36, 38
Schuhindustrie	20	6250	37

[1] Aus: Spanger, U. und Treuner, P.: Standortwahl ..., a.a.O., S. 79.

2) Die Aufteilung der Gruppen 39 und 62 erfolgt je nach Inhalt der Tabelle unter Zugrundelegung des arithmetischen Mittels der für 1956 und 1966 geltenden Zahlen für die Zahl der Betriebe, der Beschäftigten und Umsatz.

3) Statistisches Landesamt Schleswig-Holstein, Systematisches Verzeichnis zum Industriebericht, Kiel, 1.1.1969.

4) Verzeichnis der Wirtschaftszweige für die Arbeitsstatistik. Hg. v. Bundesministerium für Arbeit, Bonn 1951.

Tabelle 3.2: Innerhalb Nordrhein-Westfalens gewanderte Industriebetriebe
nach Errichtungsart und RASS-Gruppe (1955 - 1971)

RASS - Gruppe	Anzahl der Betriebe		
	Verlage-rungen	Zweig-betriebe	ins-gesamt
1 Steine u. Erden, Glas, Keramik	5	19	24
2 Metallbearb. Ind.	21	15	36
3 EBM-, Schmuck-warenindustrie	85	63	148
4 Metall-, Maschi-nen-, Landfahr-zeugbau	136	79	215
7 Elektrotechn. Ind.	53	61	114
8 Feinmech. u. optische Ind.	5	2	7
9 Chem. u. kunststoff-verarb. Ind.	50	31	81
10 Textilindustrie	27	45	72
11 Papierindustrie	18	10	28
12 Druckereiind.	14	3	17
13 Lederindustrie	5	3	8
14 Gummi- u. asbest-verarb. Ind.	2	-	2
15 Holzindustrie	44	28	72
16 Musik- u. Spiel-warenindustrie	2	2	4
17 Ernährungsind.	24	8	32
18 Tabakverarb. Ind.	-	1	1
19 Bekleidungsind.	58	145	203
20 Schuhindustrie	3	5	8
SUMME	552	520	1072

Quelle: Eigene Berechnungen nach Unterlagen der Bundesanstalt für Arbeit

Tabelle 3.3: Über die Grenzen Nordrhein-Westfalens ab- und zugewanderte Industriebetriebe nach Errichtungsart und RASS-Gruppe (1955 - 71)

RASS-Gruppe	Anzahl der Betriebe		
	Verlage-rungen	Zweig-betriebe	ins-gesamt
1 Steine u. Erden, Glas, Keramik	3	23	26
2 Metallbearb. Ind.	2	13	15
3 EBM-, Schmuck-warenindustrie	18	62	80
4 Metall-, Maschinen-, Landfahrzeugbau	40	92	132
5 Schiffbau	-	4	4
7 Elektrotechn. Ind.	10	38	48
8 Feinmech. u. optische Industrie	-	4	4
9 Chem. u. kunststoff-verarb. Ind.	10	40	50
10 Textilindustrie	12	34	46
11 Papierindustrie	5	21	26
12 Druckereiindustrie	1	4	5
13 Lederindustrie	2	3	5
14 Gummi- u. asbest-verarb. Ind.	2	3	5
15 Holzindustrie	7	29	36
16 Musik- u. Spiel-warenindustrie	1	-	1
17 Ernährungsindustrie	9	25	34
18 Tabakverarb. Ind.	1	5	6
19 Bekleidungsind.	19	121	140
20 Schuhindustrie	1	11	12
SUMME	143	532	675

Quelle: Eigene Berechnungen nach Unterlagen der Bundesanstalt für Arbeit

3.1.2 Die Abgrenzung der räumlichen Untersuchungseinheiten

Die Mehrzahl der bisher durchgeführten Untersuchungen zur industriellen Standortwahl in der Bundesrepublik Deutschland[1] ist dadurch gekennzeichnet, daß
sie Kreise oder noch größere räumliche Aggregate als kleinste räumliche Einheiten verwenden. Es ist aber anzunehmen, daß Kreise im Rahmen dieser Untersuchung keine geeigneten räumlichen Einheiten sind; sie dürften vielfach zu
groß oder in sich zu heterogen sein, wenn Aussagen über die lokale Bedeutung
der Infrastrukturqualität einzelner räumlicher Einheiten für die Standortwahl von Unternehmern getroffen werden sollen. Aus diesem Grunde werden in der
vorliegenden Untersuchung kleinere, nach funktionalen Kriterien abgegrenzte
räumliche Einheiten verwendet, da nur dann mit für die Landesplanung und Regionalpolitik relevanten Ergebnissen zu rechnen ist, wenn die für die Standortentscheidung infragekommenden Merkmale möglichst präzise, d.h. Standortalternativen abgrenzend, erhoben werden. Es bot sich an, Versorgungsnahbereiche (im folgenden abkürzend auch als Nahbereiche bezeichnet) als räumliche
Einheiten zu verwenden, deren Bestimmung als funktionale räumliche Einheiten von der Landesplanungsbehörde auf der Grundlage der Landesentwicklungs-
pläne I und II vorgenommen wurde[2].

Innerhalb des Rahmens dieser Untersuchung bot die Wahl der Nahbereiche als
kleinste räumliche Einheit auch den Vorteil, daß es sich hier um Raumeinhei-
ten handelt, die im wesentlichen unter funktionalen Gesichtspunkten abge-
grenzt wurden und somit für die Untersuchung der Standortfrage geeigneter sind
als die kleineren, oft funktional zusammengehörenden einzelnen Gemeinden.
Zu begründen ist dies damit, daß die Standortanforderungen von Industriebetrieben, insbesondere an den Infrastrukturbereich, in der Regel nicht nur aus
dem Angebot der eigentlichen Standortgemeinde (Siedlungseinheit) gedeckt werden, sondern zum Teil auch von benachbarten Gemeinden (Siedlungen), insbesondere von der Kerngemeinde (Kernsiedlung) des Nahbereichs.

---

[1] Vgl. insbesondere: "Standortwahl und Entwicklung von Industriebetrieben sowie Stillegungen in der Bundesrepublik Deutschland und Berlin (West) von
1955-1967", a.a.O., sowie Holdt, W.: Industrieansiedlungen und ihre Auswirkungen auf das Arbeitsplatzangebot - dargestellt am Beispiel ausgewählter
Städte und Kreise des Landes Nordrhein-Westfalen, Landesentwicklung - Schriftenreihe des Ministerpräsidenten des Landes Nordrhein-Westfalen, Heft 32,
Düsseldorf 1972.

[2] Es wurden 418 Nahbereiche ausgewiesen. Landesentwicklungsplan I vom 28.11.1966,
in: Ministerialblatt für das Land Nordrhein-Westfalen, Düsseldorf 1966,
S. 2263 ff, geändert am 17.12.1970, in: Ministerialblatt für das Land Nordrhein-Westfalen 1971, S. 200 ff.; Landesentwicklungsplan II vom 3.3.1970 in:
Ministerialblatt für das Land Nordrhein-Westfalen 1970, S. 494 ff.

Weitere Vorteile bestanden darin, daß zum einen mit den Nahbereichen eine
über den gesamten Untersuchungszeitraum hinweg konstante räumliche Bezugs-
ebene verwendet werden konnte, die es ermöglichte, die Infrastruktur- und
industriellen Wanderungsdaten räumlich eindeutig zuzuordnen, da die Zuordnung von Daten zur Beschreibung der räumlichen Untersuchungseinheiten
nach infrastrukturellen Merkmalen zu der (jeweiligen) Gemeinde wegen der
während des Untersuchungszeitraumes (teilweise) vorgenommenen kommunalen
Gebietsreform zu erheblichen Vergleichbarkeitsproblemen geführt hätte.
Zum anderen ergab sich erst bei einer Aggregation von Gemeinden zu Nahbereichen die Möglichkeit, Angaben zur Industriestruktur in die wirtschaftsanalytische Untersuchung einzubeziehen, da vom nordrhein-westfälischen
Landesamt für Datenverarbeitung und Statistik die Zusammenfassung der
Industriezählungen auf der Ebene der gewählten Nahbereiche bereits durch-
geführt worden war und für die Untersuchung verwendet werden konnte.

3.1.3 Die Kennzeichnung der Nahbereiche nach ansiedlungsrelevanten Merkmalen

3.1.3.1 Materielle Infrastruktur

Basis der Untersuchung sind die im Zeitraum 1955 - 1971 erfolgten Industrie-
wanderungen (verlagerte Industriebetriebe wie auch die Errichtung von Zweigbetrieben durch bestehende Unternehmen). Bei der Untersuchung der Relevanz
ausgewählter Determinanten aus dem Bereich der Infrastruktur für Standortentscheidungen wird davon ausgegangen, daß für die Standortwahl die im Jahr
der Ansiedlung gegebene Ausstattung des Nahbereichs, zu dem der Standort gehört, mit Infrastruktureinrichtungen entscheidend war[1].

Es wurden alle Nahbereiche für den gesamten Untersuchungszeitraum, d.h. für
jedes einzelne Jahr, entsprechend ihrer Infrastrukturausstattung zum Jahresende gekennzeichnet. Die Annahme erscheint plausibel, daß auch Ausstattungsmerkmale, die zum Zeitpunkt der Entscheidung zugunsten eines Standorts lediglich zu erwarten, zum Jahresende im Wanderungsjahr aber Realität sind,
im Entscheidungsprozeß bereits berücksichtigt werden, da Kenntnisse über
laufende Infrastrukturmaßnahmen als bekannt vorausgesetzt werden dürften.
Bei der Aggregation von ca. 1.600 Gemeinden (in den ersten Jahren des Untersuchungszeitraumes) zu 418 Nahbereichen, die in Einzelfällen bis zu 20 Gemeinden enthielten, war die Kennzeichnung der Nahbereiche mit Infrastruktur-
ausstattungsmerkmalen für jedes Jahr mit einem erheblichen Aufwand verbunden, der sich, bedingt durch die während der Untersuchungsperiode durchge-

---

[1] Nach Ergebnissen einer von Fürst und Zimmermann durchgeführten Untersuchung
dauert der Entscheidungsprozeß zwischen Planung und Realisation einer Be-
triebsneuansiedlung in der Regel 1/2 bis 1 Jahr. Fürst, D. und Zimmermann, K.: Standortwahl ..., a.a.O., S. 67.

führte Gemeindereform, noch vergrößerte. Aus diesem Grunde war eine Beschränkung der Erhebung auf die am wichtigsten erscheinenden Merkmale, teilweise unter Verzicht auf qualitative Gesichtspunkte (z.B. bei Gymnasien), notwendig. Der eingeschränkte Merkmalskatalog ist unseres Erachtens dennoch sinnvoll, da ähnlich detaillierte statistische Untersuchungen zur Industrieansiedlung bisher nicht bekannt sind.

Folgende Angaben zur Infrastruktur wurden auf Nahbereichsebene für die Jahre 1955 - 1971 aufbereitet:

a) Verkehrseinrichtungen

- Straßenanschluß
- Eisenbahnanschluß
- Wasserstraßenanschluß
- Lage zu Flughäfen

b) Bildungseinrichtungen

- Gymnasien
- Lage zu Universitäten

c) Verwaltungsbehörden

Zur Erhebung bzw. zur Aufbereitung der einzelnen Daten für die oben angegebenen Merkmale sind folgende Anmerkungen zu machen:

a) Verkehrseinrichtungen

(I) Straßenanschluß

Die Straßenanbindung der Nahbereiche war unter dem Gesichtspunkt der Trägerschaft vorzunehmen. Es wurde nur zwischen Land- und Bundesstraßen bzw. Bundesautobahnen, ohne weitere Einbeziehung qualitativer Merkmale, unterschieden. Anhand der verfügbaren Unterlagen war es nur möglich, die Leistungsfähigkeit der einzelnen Straßen danach zu kennzeichnen, inwieweit sie vierspurig ausgebaut waren oder nicht. Um die Qualität der Straßenanbindung der Nahbereiche wenigstens grob nach quantitativen Merkmalen zu klassifizieren, wurde zusätzlich für den am häufigsten auftretenden Verkehrsträger Bundesstraße eine Abstufung der Anbindung nach der Zahl der vom Nahbereich ausgehenden Bundesstraßen vorgenommen. Bei der Kennzeichnung des Straßenanschlusses wurde davon ausgegangen, daß Land- und Bundesstraßen grundsätzlich durch den Nahbereich führen müssen, während Autobahnanschlüsse bis max. 5 km Straßenentfernung vom Hauptort entfernt, also

ggf. auch außerhalb des Nahbereichs liegen durften, um in die Nahbereichs-
kennzeichnung einzugehen.

Die Angaben über die Straßenanbindung wurden mit Hilfe der vom Ministerium
für Wirtschaft, Mittelstand und Verkehr in Nordrhein-Westfalen herausgege-
benen Straßenkarten ermittelt. Im einzelnen wurde die Klassifizierung in
folgenden Abstufungen vorgenommen:

- keine Bundesstraße oder Landstraße
- 1 oder mehrere Landstraßen
- 1 Bundesstraße und Landstraße(n)
- 2 Bundestraßen (Kreuz, Dreieck) und Landstraße(n)
- 3 und mehr Bundesstraßen und Landstraße(n)
- 4-spurige Bundesstraße oder Autobahn bis zu 5 km Entfernung vom Hauptort und Landstraße(n)
- 4-spurige Bundesstraße oder Autobahn bis 5 km Entfernung vom Hauptort
  und weitere Bundesstraßen

(II) Eisenbahnanschluß

Die Gesichtspunkte der Kennzeichnung der Nahbereiche nach dem Eisenbahnanschluß ergaben sich einerseits aus dem Wunsch, zwischen den Möglichkeiten
des Personen- und Güterverkehrs zu unterscheiden, andererseits den Personenverkehr zusätzlich nach regionalem bzw. überregionalem Verkehrsanschluß
zu differenzieren. Weitere Kennzeichnungswünsche, wie Häufigkeit des Zug-
verkehrs, konnten wegen des hohen Erhebungsaufwandes nicht realisiert werden. Die Kennzeichnung der Nahbereiche nach dem Eisenbahnanschluß wurde
anhand der amtlichen Kursbücher und nach Unterlagen der Bundesbahndirek-
tion Stuttgart durchgeführt. Folgende Abstufungen wurden gebildet:

- kein Bahnhof
- Personenbahnhof ohne Güterabfertigung
- Personenbahnhof mit Güterabfertigung[1]
- D/E-Zug-Station
- Knotenbahnhof
- F/IC/TEE-Zug-Station

(III) Wasserstraßenanschluß

Die Kennzeichnung der Nahbereiche nach Lage an einer Schiffahrtsstraße
bzw. an einem Hafen wurde mit Hilfe der Handbücher der deutschen Binnen-

---

[1] In einigen Fällen auch ohne Personenverkehr

häfen vorgenommen. Die Klassifizierung der Nahbereiche wurde so durchgeführt, daß bei einem vorhandenen Hafen zusätzlich noch zwischen privater
und öffentlicher Trägerschaft unterschieden wurde, um auf diese Weise den
unterschiedlichen Zugang (mögliche Hafenmitbenutzung) zu kennzeichnen. Die
Klassifizierung der Nahbereiche wurde in folgenden Abstufungen vorgenommen:

- kein Wasserstraßenanschluß
- Wasserstraßenanschluß
- privater Hafen
- öffentlicher Hafen

(IV) Lage zu Flughäfen

Bei der Kennzeichnung der Lage von Versorgungsnahbereichen zu Flughäfen
wurde zwischen den internationalen Flughäfen Köln/Bonn und Düsseldorf und
den regionalen Flughäfen unterschieden. Allerdings erwies sich die Kennzeichnung dieser regionalen Flughäfen als äußerst schwierig, da ihre Ausstattung sehr unterschiedlich war. Die Festlegung der zu berücksichtigenden regionalen Flughäfen wurde nach Veröffentlichungen des Ministeriums
für Wirtschaft, Mittelstand und Verkehr in Nordrhein-Westfalen vorgenommen. Alle weiteren vorhandenen Flughäfen wurden als Landeplätze gekennzeichnet[1]. Um der unterschiedlichen Bedeutung der drei Flugplatztypen
gerecht zu werden, wurden die in Luftlinienkilometern gemessenen Entfernungen zu den Nahbereichen nach Klassen bewertet. Aus den beiden
Merkmalen Flugplatztyp und Entfernung wurden die folgenden Lage-
typen gebildet, denen die Nahbereiche zugeordnet wurden.

- kein internationaler Flughafen innerhalb 50 km und kein Regionalflughafen innerhalb 40 km und kein Landeplatz bis 20 km Entfernung vorhanden
- Landeplatz mit öffentlicher Verkehrsbedeutung bis 20 km Entfernung
- Regionalflughafen bis 40 km Entfernung
- Regionalflughafen bis 20 km Entfernung
- internationaler Flughafen bis 50 km Entfernung
- internationaler Flughafen bis 20 km Entfernung

---

[1] Die Luftfahrt im Lande Nordrhein-Westfalen 1955 - 1965, 1965 - 1970.
Hrsg.: Minister für Wirtschaft, Mittelstand und Verkehr des Landes Nordrhein-Westfalen, Düsseldorf 1965 und 1970.

b) Bildungseinrichtungen

Die Erfassung der Bildungseinrichtungen wurde auf die Erhebung der Gymnasien und Universitäten bzw. der Lage der Nahbereiche zur nächsten Universität als Komponenten des Bildungsangebots beschränkt, da entgegen der ursprünglichen Absicht die in den einzelnen Nahbereichen vorhandenen Fachschulen aufgrund unterschiedlicher Erhebungsarten für die einzelnen Jahre nicht miteinbezogen werden konnten.

Bei den Gymnasien wurde die in den Nahbereichen gezählte Anzahl von privaten und öffentlichen Gymnasien erhoben. Grundlage dieser Erhebung waren für die Jahre 1955-1963 das Philologenjahrbuch von Nordrhein-Westfalen[1] und für die Jahre 1963-1971 von der Landesplanungsbehörde zur Verfügung gestellte Unterlagen. Weitere Merkmale, wie Kapazität oder Zahl der Bildungsgänge, konnten aus Zeitgründen nicht erhoben werden. Die Zahl der Gymnasien wurde in folgende Klassen eingeteilt:

- kein Gymnasium
- 1 Gymnasium
- 2 Gymnasien
- 3 Gymnasien
- 4 und mehr Gymnasien.

Als zweite Komponente des für die Nahbereiche unter Umständen relevanten Bildungsangebotes wurde die am nächsten gelegene Universität berücksichtigt[2]. Die Entfernungsmessung wurde wiederum in Luftlinienkilometern in einer Abstufung von je 20 km vorgenommen.

c) Verwaltungsbehörden

Die Kennzeichnung der Nahbereiche nach dem Sitz von Verwaltungsbehörden in Nordrhein-Westfalen wurde einer Karte des Verwaltungsatlasses Nordrhein-Westfalen (Stand 1967) entnommen[3]. Die Abstufung wurde nach:

- unterer Landesbehörde und Sitz einer Kreisverwaltung bzw. kreisfreier Stadt

---

[1] Philologenjahrbuch 1964/65 von Nordrhein-Westfalen. Hrsg.: Philologenverband Nordrhein-Westfalen.

[2] Vgl. J.M. Reiche, Investigations into regional infrastructure equipments. First results of a factor analysis approach. "Regional and Urban Economics", Amsterdam, Vol. 2, No. 1, S. 1 ff.

[3] Verwaltungsatlas Nordrhein-Westfalen, Hrsg. vom Landesamt für Datenverarbeitung und Statistik Nordrhein-Westfalen, Düsseldorf 1967.

- Landesmittelbehörde (Regierungspräsidium)
- oberste Landesbehörde (Landesregierung)

vorgenommen.

3.1.3.2 Die räumliche Lage

Die 418 Versorgungsnahbereiche wurden zusätzlich nach ihrer Lage in einem der drei im Landesentwicklungsplan I[1] dargestellten Raumtypen - Ballungskerne, Ballungsrandzonen und ländliche Zonen - gekennzeichnet, wobei Nahbereiche, die gleichzeitig (teilweise) zu zwei verschiedenen Raumtypen gehörten, dem Raumtyp mit der höheren Dichte zugeordnet wurden. Als weiteres Merkmal wurde für jeden Nahbereich ein Koordinatenpaar des (geschätzten) Mittelpunkts zur geographischen Bestimmung der räumlichen Lage aufgenommen, das die Berechnungen von Entfernungen zwischen Nahbereichen in Kilometern (Luftlinie) ermöglichte.

3.1.3.3 Die Zahl der Einwohner

Die Einwohnerzahlen wurden den jährlichen statistischen Berichten des Landesamtes für Datenverarbeitung und Statistik Nordrhein-Westfalen entnommen. Bei der Ermittlung der Einwohnerzahlen der Nahbereiche wurden, soweit es die Unterlagen zuließen, die Einwohnerzahlen derjenigen Gemeinden, die bei der Nahbereichsbildung auf zwei (oder drei) Nahbereiche aufgeteilt wurden, jeweils anteilmäßig den entsprechenden Nahbereichen zugerechnet. (Von 1955-59 wurden diese Anteile geschätzt, ab 1960 lagen entsprechende Zahlenangaben vor.) Bei der Addition wurden die Einwohnerzahlen der Nahbereiche auf volle Tausend gerundet.

---

[1] Landesentwicklungsplan I vom 28.11.1966, a.a.O.

3.2 Die Beschreibung der Nahbereiche nach der Infrastrukturausstattung

Zur Klärung der Frage, in welchem Maße die Infrastrukturausstattung bzw. einzelne Ausstattungskomponenten einen Einfluß auf die Standortentscheidung der wandernden Betriebe ausüben, wurde zunächst ein Verfahren zur numerischen Beschreibung der Infrastrukturausstattung der Nahbereiche festgelegt, das eine vergleichende Analyse der statistischen Bedeutung einzelner Merkmale für die Wanderung erlaubt.

Es wurde davon ausgegangen (wie begründet), daß die Bestimmung der infrastrukturellen Attraktivität eines Nahbereiches für wandernde Betriebe durch die in Kap. 3.1 beschriebenen Merkmale erfolgen kann. Da einzelne Infrastruktureinrichtungen in der Regel in Kombination mit weiteren auftreten und auch in Kombinationen von Unternehmen nachgefragt werden, erschien es sinnvoll, die einzelnen Komponenten in alternativer Zusammensetzung auf ihre Bedeutung für Industrieansiedlungen zu untersuchen. Ein Problem lag hierbei in der Bewertung der unterschiedlichen Niveaus einzelner Ausstattungsmerkmale. Da die Merkmale überwiegend nur nach qualitativen Gesichtspunkten erhoben werden konnten, wurde die Bewertung der unterschiedlichen Niveaus jeder Komponente vorläufig mit Hilfe einer Ordinalskala vorgenommen.

Die Ordinalskalen, die für die einzelnen Ausstattungskomponenten unterschiedliche Spannweiten aufweisen, wurden auf eine Skala gleicher Spannweite transformiert, um die Vergleichbarkeit der partiellen Ausstattungsniveaus zu gewährleisten und eine implizite unterschiedliche Gewichtung der Merkmale auszuschließen. Die Umwandlung der jeweiligen Ordinalskalen, die lediglich zwischen "besserer" und "schlechterer" Infrastrukturausstattung in Hinsicht auf eine einzelne Komponente unterscheiden, in eine Kardinalskala mit numerisch festgelegten "Abständen" zwischen Merkmalsausprägungen, die eine Bewertung der Ausstattungsniveaus darstellen, wurde aufgrund mangelnder Kenntnisse über die von Industriebetrieben tatsächlich angelegten Bewertungsmaßstäbe linear vorgenommen. Die Ordinalskalen wurden linear in eine Skala mit Werten zwischen 0 (Merkmal im Nahbereich nicht vertreten) und 10 (für den höchsten festgelegten Ausstattungsgrad) umgewandelt. Damit konnte jedem Nahbereich für jedes Jahr des Untersuchungszeitraumes ein Ausstattungswert für jede Infrastrukturkomponente zugewiesen werden.

Durch lineare Kombinationen gewichteter, in der oben beschriebenen Weise transformierter Merkmalswerte wurden die Komponenten zu unterschiedlichen in diesem Bericht sogenannten Gesamtindizes aggregiert, um diese nach alter-

nativen Zusammensetzungen und Gewichtungen auf ihre Bedeutung für das Ansiedlungsverhalten zu testen. Aufgrund anfangs mangelnden Wissens über die
tatsächliche (relative) Bedeutung einzelner Komponenten für Standortentscheidungen wurden zuerst eine Vielzahl von Gewichtungskombinationen aufgestellt
und die daraus resultierenden Indizes für ihre jeweilige Bedeutung für das
Wanderungsverhalten korrelationsanalytisch untersucht.

3.3 Untersuchungen zur Bedeutung der Infrastrukturkomponenten für das Wanderungsverhalten[1]

Die Untersuchung der Bedeutung einzelner und kombinierter Ausstattungsmerkmale der Infrastruktur für das Wanderungsverhalten hat zum Ziel, festzustellen, inwieweit sich Ausstattungsmerkmale bzw. -merkmalskombinationen bestimmen lassen, die für Industrieansiedlungen besonders "bedeutsam" sind, um im weiteren Verlauf der Untersuchung mit einer quantifizierten Beschreibung der Nahbereiche arbeiten zu können, die den infrastrukturorientierten Standortanforderungen der Betriebe (im Bereich der ausgewählten Merkmale und gemessen am erhobenen Wanderungsverhalten) am "ehesten" entspricht.

Zu diesem Zweck wurden die Nahbereichsgesamtindizes jeder berechneten Gewichtungskombination jeweils in Infrastrukturausstattungsklassen eingeteilt und die jeweilige Anzahl (untergliedert nach spezifischen noch zu beschreibenden Wanderungsarten) der Wanderungsfälle in diesen Klassen mit den Klassenmittelwerten korreliert. Dabei wurden sowohl lineare als auch nichtlineare Anpassungsformen angewendet. Die Effekte einer Variation der Anzahl der Klassen auf die Korrelationsergebnisse wurden auch untersucht, wobei sich die Anzahl der Klassen als im wesentlichen unbedeutend für die Ergebnisse herausstellte. Die exponentielle Anpassungsform (wie in Übersicht 3.4 dargestellt) wurde als flexibelste monoton nichtlineare Regressionsfunktion betrachtet, die zusammen mit den linearen Berechnungen inhaltlich zu vertreten war. Durch Variation der berücksichtigten Indexkomponenten (Auswahl) und ihrer Gewichtungen im Gesamtindex (Betonung) sollte der passendste (aus Komponenten gewichtete und linear aggregierte) Index für die Erklärung verschiedener Aspekte des Wanderungsverhaltens (Ab- und Zuwanderung insgesamt, nach Errichtungsarten usw.) ausfindig gemacht werden. Ob dies gelang, war daran abzulesen, inwieweit der Korrelationskoeffizient bzw. das Bestimmtheitsmaß durch verschiedene Auswahl und Betonung zunahm und somit eine größere Abhängigkeit der (jeweiligen) Wanderungshäufigkeit vom Infrastrukturindex aufwies.

Übersicht 3.4 zeigt eine Zusammenfassung der in der Analyse verwendeten Gewichtungsschemata für die Infrastrukturkomponenten und die entsprechend ausgewählten besseren Korrelationsergebnisse. Aus der Analyse sind folgende allgemeinere Erkenntnisse festzuhalten:

---

[1] Im wesentlichen dokumentiert in Spanger, U.: Infrastrukturelle und wirtschaftsstrukturelle Bestimmungsgründe der industriellen Standortwahl; unveröffentlichter Arbeitsbericht über die erste Untersuchungsphase vom August 1976.

Übersicht 3.4: Zusammenfassung verwendeter Gewichtungsschemata für die Infrastrukturindexberechnungen und Ergebnisse der entsprechenden Korrelationsanalysen

Anpassungsform: $y = a_0 + a_1 e^{a_2 x}$

a_0, a_1, a_2 = Regressionskoeffizienten
y = Wanderungshäufigkeit
x = Infrastrukturindex

Index Nr.	für die Infrastrukturindexberechnung verwendete Gewichtungsschemata							Ergebnisse der Korrelationsberechnungen für den Infrastrukturindex - Bestimmtheitsmaß					
	Gymnasium	Universität	Behörden	Straße	Eisenbahn	Wasserstraße	Flughafen	Zuwanderungen			Abwanderungen		
								Betriebe insgesamt	Verlagerungen	Zweigbetriebe	Betriebe insgesamt	Verlagerungen	Zweigbetriebe
1	1	1	1	1	1	1	1	0,63	0,59	0,49	0,94	0,97	0,91
2	1	1	1	4	4	2	2	0,70	0,58	0,82	0,95	0,96	0,90
3	2	1	1	4	4	2	2	0,71	0,62	0,73	0,96	0,97	0,93
4	2	1	1	6	4	2	2	0,73	0,62	0,82	0,87	0,89	0,79
5	-	-	-	1	1	1	1	0,64	0,62	0,55	0,94	0,95	0,88
6	-	-	-	4	4	1	1	0,83	0,72	0,86	0,97	0,98	0,94
7	-	-	-	4	2	1	1	0,81	0,70	0,70	0,81	0,87	0,68
8	-	-	-	2	4	1	1	0,76	0,62	0,82	0,85	0,89	0,86
9	-	-	-	6	2	1	1	0,90	0,79	0,79	0,93	0,94	0,88

- Die Abwanderung der Betriebe nimmt mit steigendem Ausstattungsniveau der Standorte zu, bei Verlagerungen in stärkerem Maße als bei Zweigbetrieben.

- In Standorte mit hoher Infrastrukturausstattung sind Totalverlagerungen relativ und auch absolut häufiger als Teilverlagerungen in Form von Zweigbetriebserrichtungen.

- Die Ansiedlungshäufigkeit - sowohl bei Zweigbetrieben wie bei Verlagerungen - steigt mit zunehmendem Ausstattungsniveau der Standorte.

- Der Anpassungsgrad der Regressionsfunktionen war in fast allen untersuchten Fällen bei den Abwanderungen - zum Teil sogar erheblich - höher, als bei den Ansiedlungen.[1]

Die Untersuchung des Einflusses der einzelnen Komponenten zeigt, daß die Ausstattung mit Gymnasien, das Vorhandensein von Verwaltungsbehörden und Universitäten bzw. die Entfernung zur nächsten Universität keine mit der angewandten Methode nachweisbare Rolle für die Attraktivität der Nahbereiche als Standorte spielen, ebenso wenig wie die (in Übersicht 3.4 nicht vertretene) Einwohnerzahl.

Die Untersuchung des Einflusses der Verkehrskomponenten dokumentiert die Korrelation der Anwesenheit der beiden Verkehrsträger Straße und Schiene mit der Häufigkeit von Industrieansiedlungen. Dies gilt gleichermaßen für die Ansiedlungen und für die Abwanderungen insgesamt wie auch bei einer Differenzierung nach Errichtungsarten. An weiteren Indizes wurden alternativ weitere Komponenten des Infrastrukturangebots der Standorte getestet. Es zeigte sich wiederum, daß die Verkehrskomponenten auch in Verbindung mit anderen Merkmalen einen wesentlichen Einfluß (im engen statistischen Sinne) auf die Standortwahl der Betriebe ausüben. Sinngemäß gleiche Ergebnisse - die anscheinend überragende Bedeutung der Verkehrsinfrastruktur als Ansiedlungsdeterminante - ergab auch die vorangegangene Untersuchung von Spanger/Treuner über Nordrhein-Westfalen[2].

Es ist möglich, daß die die Verkehrsanbindung der Standorte in starkem Maße berücksichtigenden Indizes nicht nur deshalb so gute Ergebnisse in der Korre-

---

[1] Dieses Ergebnis ist wohl auch damit zu erklären, daß die abgewanderten Betriebe zu einem großen Anteil aus nur wenigen Standorten in Ballungskernen mit einem hohen Ausstattungsniveau stammen, die somit hohe Abwanderungsraten aufweisen und die dadurch das Korrelationsergebnis sehr wesentlich mitbestimmen, während die Ansiedlungen sich gleichmäßiger auf alle Standorte verteilten.

[2] Spanger, U. und Treuner, P., Standortwahl ..., a.a.O., S. 57.

lationsanalyse zeigen, weil die Verkehrsanbindung als der wichtige Standortfaktor anzusehen ist, sondern, weil andere ansiedlungsrelevante, aber bei der
Indexbildung nicht berücksichtigte Standortfaktoren - auch nicht infrastruktureller Art - mit der Verkehrsinfrastruktur eng verbunden sind, z. B. die
Größenordnung des Arbeitsmarktes, obwohl dabei nicht vergessen werden soll,
daß die Bevölkerungszahlen als Teilindikator, wie in der Untersuchung berücksichtigt, keinen Beitrag in Richtung höherer Korrelationsergebnisse gebracht
haben.

Da die weiteren Untersuchungen (vom Umfang her) nur mit einem Infrastruktur-
gesamtindex durchgeführt werden konnten, wurde der Index Nr. 9 von Übersicht
3.4, der die Straßenanbindung mit einer Gewichtung 6, Eisenbahnanschluß mit
einer Gewichtung 2 und Wasser- bzw. Luftverkehr je mit Gewichtung 1 berücksichtigt, ausgewählt, der die höchsten Bestimmtheitsmaße für die Zuwanderungen
ergab.

Im Fall des Index Nr. 9 ergibt sich ohne Normierung durch die Summe der Gewichtung zufällig ein maximal möglicher Indexwert von 100, und dies wurde ohne
Normierung so gelassen. Der minimale Indexwert ist daher 0, der maximale 100.
Indexwerte werden immer ganzzahlig gerundet. Die tatsächlich für die Nahbereiche errechneten Indexwerte geben damit an, wieviel Prozent der definitorisch und rechnerisch maximal möglichen Ausstattung ein Nahbereich aufweist.
Wie für die beschriebene Korrelationsanalyse war es für bestimmte Teilberei-
che der folgenden Untersuchungen trotzdem vorteilhaft, die Nahbereiche Indexklassen zuzordnen, um das Datenmaterial auf eine inhaltlich vertretbare, über-
schaubare und damit interpretierbare Ebene zu aggregieren, insbesondere um:

1. die Anzahl der Wanderungsfälle, die mit einem (gerundeten) bestimmten
   ganzzahligen Indexwert zwischen 0 und 100 verbunden sind, über das Ausmaß von nur einem oder zwei (oder gar keinem) Wanderungsfall hinauszuhe-
   ben[1], und

2. Ausstattungskategorien zu bestimmen, die qualitätsmäßig als unterschiedlich erkennbare Standortalternativen beinhalten.

Aus Zeitgründen mußte auf die Ermittlung einer "bestgeeigneten" Klasseneinteilung verzichtet werden. Für die Korrelationsanalysen wurden 12 bis 30
Klassen gebildet und die Variation der Ergebnisse untersucht - dies war notwendig, um die Anzahl der Freiheitsgrade für die Anpassungen möglichst hoch
zu halten. Für die folgende, nicht regressionsorientierte Arbeit wurden 10

---

[1] Die 3-dimensionale Matrix (418 Nahbereiche, 101 Möglichkeiten für den Indexwert in jedem von 17 Untersuchungsjahren) ist selbstverständlich, wenn
man die Gesamtanzahl der Wanderungsfälle (s. Tabellen 3.2 und 3.3) berücksichtigt, sehr dünn besetzt.

Klassen gebildet, die jeweils 10 % der Spannweite der jeweiligen Jahresver-
teilung der Indexwerte umfassen; diese Klasseneinteilung spiegelt nicht mehr
unmittelbar das absolute Maß der Ausstattung wider, sondern bestimmt die relative Stellung eines Nahbereichs im Vergleich zur Ausstattung der anderen
Nahbereiche im gleichen Jahr. Es ist daher numerisch möglich, daß ein Nahbereich über die Jahre hinweg ein konstantes Ausstattungsniveau in der Form
von Indexpunkten aufweist, aber für verschiedene Jahre unterschiedlichen
Klassen zugeordnet wird, weil sich das Niveau der übrigen Nahbereiche verändert hat. In der Praxis tritt dieser Fall jedoch sehr selten auf, da sich die
minimale angetroffene Ausstattung über den Untersuchungszeitraum hinweg überhaupt nicht, die maximale nur vom Jahr 1959 auf das Jahr 1960 verändert hat.
Diese Relativierung der Ausstattungsklassen im Sinne der im folgenden beschriebenen Untersuchung der industriellen Mobilität in Hinsicht auf die Infrastruktur über einen Zeitraum, in dem z.T. das Ausstattungsniveau sich erheblich verbesserte, stellt jedoch fest, welche - im Vergleich zum Herkunftsort - Infrastrukturausstattungen in infragekommenden Zielorten für die wandernden Betriebe zum jeweiligen Entscheidungszeitpunkt der Wanderung zur Verfügung standen.

3.4 Die der Untersuchung zugrundeliegenden Thesen und ihre Operationalisierung

Tabelle 3.5 zeigt, daß Nahbereiche mit mindestens der Hälfte der von den Nahbereichen maximal erreichten Indexpunktzahl im Wanderungsjahr einen deutlich größeren Anteil an Wanderungen auf sich ziehen können, als ihrem Anteil an den Nahbereichen insgesamt entspricht. Es wird in diesem infrastrukturell orientierten Teil der Untersuchung anhand verschiedener Ansätze geprüft, inwieweit die Ansiedlungen in Nahbereichen mit niedrigerem Ausstattungsgrad erklärbar sind durch andere Faktoren, die die Inkaufnahme eines geringen Ausstattungsgrades - wie er durch den Index Nr. 9 beschrieben wird - bedingen, oder ob diese Gruppe von Nahbereichen die infrastrukturellen Erfordernisse der zuwandernden Betriebe in zumindest ausreichendem Maße erfüllt und infolgedessen Ansiedlungsalternativen mit höherem Ausstattungsgrad auch bei leichter Erreichbarkeit und möglicher Eignung in Hinsicht auf andere Standortfaktoren nicht als neue Standorte ausgewählt werden.

Tabelle 3.5: Verteilung der Nahbereiche insgesamt und der Zuwanderungen nach Infrastruktur-Indexklassen, 1955 bis 1971 (dargestellt für den Index Nr. 9 von Übersicht 3.4)

Indexklasse[1]	Nahbereiche insgesamt	Anteil an Zuwanderungen
	%	%
1	6,8	3,1
2	16,0	9,3
3	20,8	12,5
4	18,7	13,9
5	6,3	6,8
6	5,8	7,0
7	9,0	13,9
8	9,2	14,5
9	4,8	12,5
10	2,6	6,5
insgesamt	100,0	100,0

[1] Die Indexklasse 1 hat die schlechteste Ausstattung, die Indexklasse 10 die beste.

Eine Betrachtung der Ansiedlungsfälle nach der Wanderungsdistanz zeigt
(s. Tabelle 3.6), daß etwa die Hälfte aller Betriebe (53,4 %) sich innerhalb von 20 km Entfernung vom alten Standort niederläßt und nur jeder vier-
te Betrieb mehr als 40 km weit wandert.
Dafür bieten sich folgende Erklärungsmöglichkeiten:
- Der Umfang an verfügbaren bzw. vollständig wahrgenommenen Informationen
  über die Ansiedlungsmöglichkeiten nimmt mit zunehmender Entfernung ab, während der Umfang der notwendigen Informationen mit höherer infrage kommen-
  der Wanderungsentfernung zunimmt. Deshalb werden häufiger solche Nahbereiche als Standorte gewählt, die in relativer Nähe zum alten Standort liegen.
- Eine geringe Wanderungsdistanz erlaubt es, Ressourcen des bisherigen Standortes auch nach der Umsiedlung weiter zu nutzen. Demnach wäre der Informa-
  tionsbedarf zwar geringer (obwohl die Informationen leicht zugänglich sind),
  aber zusätzlich wäre eine wichtige Qualität des neuen Standortes die Nähe
  zum alten Standort. Trifft dies zu, dann kann die Infrastrukturausstattung
  kein allein entscheidender Gesichtspunkt für die Standortwahl sein.
Es zeigt sich (s. Tabelle 3.6), daß die Errichtungsart in Hinsicht auf die
Wanderungsdistanz offensichtlich in stärkerem Maße das Ansiedlungsverhalten
bestimmt als die Branchenzugehörigkeit. 69,0 % der verlagerten Betriebe insgesamt finden einen neuen Standort im Umkreis von weniger als 20 km, darunter
insbesondere Betriebe der RASS-Gruppe 15 (Holzindustrie), die zu 91 % weniger
als 20 km weit wandern[1]. Verlagerungen von Textilbetrieben weisen den relativ
höchsten Anteil an Wanderungen über 60 oder mehr km auf. Von den Zweigbetrieben wandern nur 36,7 % über eine Entfernung von weniger als 20 km; chemische
und kunststoffverarbeitende Zweigbetriebe wandern tendenziell entweder über
kurze Distanzen oder relativ weit weg; in der Gruppe Elektrotechnik ist der
Anteil der Wanderungen zwischen 20 und 40 km überdurchschnittlich hoch.

Die Tatsache, daß verlagerte Betriebe im Durchschnitt über kürzere Distanzen
wandern als Zweigbetriebe, könnte dafür sprechen, daß die Erreichbarkeit der
bisherigen Faktor- und (oder) Absatzmärkte Einfluß auf die Standortentscheidung hat. Für verlagerte Betriebe ändert sich die Nachfrage nach Standortfaktoren am neuen Standort nicht oder nur graduell unter der Annahme einer gleich-
bleibenden Produktionsstruktur, während Zweigbetriebe, die in der Regel andere Standortbedürfnisse als das Stammwerk haben dürften, einen tendenziell
weiter entfernten Standort wählen, in vielen Fällen in einem anderen Raumtyp[2].

---

[1] Nicht in Tabelle 3.6 ausgewiesen.

[2] Zur Bestimmung der Raumtypen siehe Kap. 3.1.3.2.

Tabelle 3.6: Gewanderte Betriebe nach Errichtungsart und ausgewählten
RASS-Gruppen[1] sowie der Wanderungsentfernung

ausgewählte RASS-Gruppen	Errichtungs-art	Anzahl der Betriebe	Anteil der Betriebe nach der Wanderungsentfernung (%)			
			unter 20 km	20-unter 40 km	40-unter 60 km	60 km oder mehr
EBM-, Schmuck-waren	Betr. insges.	148	53,4	22,3	11,5	12,8
	Verlagerungen	85	70,6	16,5	9,4	3,5
	Zweigbetriebe	63	30,5	30,2	14,3	25,0
Metall-,Masch.-, Landfahrzeugbau	Betr. insges.	215	57,2	21,4	11,2	10,2
	Verlagerungen	136	69,9	19,1	5,2	5,8
	Zweigbetriebe	79	35,5	25,3	21,5	17,7
Elektrotechn. Industrie	Betr. insges.	114	40,3	29,8	16,7	13,2
	Verlagerungen	53	58,5	11,3	13,2	17,0
	Zweigbetriebe	61	24,6	45,9	19,7	9,8
Chem. u. kunst-stoffverarb. Industrie	Betr. insges.	81	56,8	13,6	9,9	19,7
	Verlagerungen	50	62,0	12,0	10,0	16,0
	Zweigbetriebe	31	48,4	16,1	9,7	25,8
Bekleidungs-industrie	Betr. insges.	203	38,9	27,6	17,2	16,3
	Verlagerungen	58	53,5	19,0	15,5	12,0
	Zweigbetriebe	145	33,1	31,0	17,9	18,0
Betriebe ins-gesamt (alle RASS-Gruppen)	Betr. insges.	1072	53,4	22,4	11,9	12,3
	Verlagerungen	552	69,0	15,0	8,2	7,8
	Zweigbetriebe	520	36,7	30,4	16,0	16,9

Der Annahme, daß Nahbereiche für die Industrieansiedlung umso attraktiver sind, je höher die infrastrukturelle Ausstattung ist (wenn man die daraus folgenden Wirkungen, z.B. auf die Bodenpreise, außer acht läßt), läßt sich demnach die Vermutung gegenüberstellen, daß - zumindest für einen erheblichen Teil der Betriebe - als mögliche neue Standorte nur diejenigen Nahbereiche infrage kommen, die innerhalb kurzer Entfernung vom alten Standort erreichbar sind, um Möglichkeiten der (teilweise) aufgegebenen Lokalisierung, wie z.B. der Weiterbeschäftigung von Arbeitskräften, auch in Zukunft nutzen zu können. Es besteht aber auch die Möglichkeit, daß die Betriebe die Distanzminimierung nur als Nebeneffekt erzielen, weil auch in größerer

---

[1] Zur Auswahl der RASS-Gruppen siehe Seite 60.

Entfernung keine Standorte höheren infrastrukturellen Niveaus zu finden wären. Demnach wäre die Wanderungsentfernung zufälliges Ergebnis der räumlichen Verteilung der Ausstattungsniveaus und nicht ein Faktor im Entscheidungsprozeß. Dies dürfte hauptsächlich für Betriebe zutreffen, die innerhalb der Ballungsgebiete wandern, da diese innerhalb kurzer Entfernung einen hohen Anteil an Nahbereichen mit hohem Ausstattungsgrad aufweisen.

Um der Frage nachzugehen, welche der oben angeführten Annahmen zu den Gründen der Standortentscheidung mit großer Wahrscheinlichkeit zutreffen, wurden die von 1955 bis 1971 gewanderten Betriebe in Gruppen von Nah- und Fernwanderern aufgeteilt; als Nahwanderer gelten diejenigen Betriebe, deren Wanderungsentfernung unter 20 km liegt. Die 20-km-Grenze wurde gewählt, weil innerhalb dieser Distanz von jedem Nahbereich aus in jedem Fall die benachbarten Nahbereiche erreichbar sind. Die Zuordnung von Nahbereichen als Nachbar-Nahbereich wurde anhand der Luftlinienentfernung zum koordinatenmäßig festgelegten Schwerpunkt, ohne Berücksichtigung der jeweiligen Grenzen vorgenommen. Wäre für die Untersuchung in Nah- und Fernwanderer eine kürzere Wanderungsdistanz herangezogen worden, hätte das bedeutet, daß unter Umständen auch Wanderer zwischen benachbarten Standorten als Fernwanderer gegolten hätten. Für die Fernwanderer gilt zunächst die Annahme, daß die zurückgelegte Wanderungsdistanz (von mindestens 20 km) zur Erreichung eines Nahbereichs mit dem "gewünschten" Ausstattungsgrad notwendig war.

Es war nicht zu erwarten, daß eine Prüfung der aufgestellten Thesen eindeutige Ergebnisse liefern würde, solange nicht abgeklärt war, welche weiteren möglichen Einflußfaktoren zu berücksichtigen waren, die in die Operationalisierung eingehen mußten, um eine inhaltliche Absicherung der Vorgehensweise zu erreichen und einen Zusammenhang mit dem überaus komplexen Bereich des Entscheidungsprozesses herzustellen. Als nächster Schritt zur Vorbereitung dieser Prüfung wurde deshalb eine weitere Auswertung vorgenommen, die die Wanderungsbewegungen zwischen den Raumtypen Ballungskern, Ballungsrandgebiet, ländlicher Raum beschreibt (s. Tabelle 3.7). Ausgangspunkt dafür war die Annahme, daß in gewissem Maße durch die Zugehörigkeit eines Nahbereichs zu einem Raumtyp Rückschlüsse auf dessen Standortbedingungen gezogen werden können, z.B. in den Bereichen Qualität und (oder) Verfügbarkeit bzw. Preis für Grundfläche und Arbeitskräfte und andere Agglomerationsvor- oder -nachteile. Die stärkere Konzentration und damit Konkurrenz von Betrieben (auch aus dem nicht-industriellen Bereich) in den Ballungen führt dabei unter Umständen zu einem Selektionsprozeß, der ertragsschwächere Betriebe in Standorte im ländlichen Raum abdrängt, während ertragsstärkere Betriebe, die aufgrund von partiellen Mängeln der

Tabelle 3.7: Innerhalb Nordrhein-Westfalens gewanderte Industriebetriebe
nach Raumtypen und ausgewählten Gruppen von Betrieben
(in Prozent der Gesamtzahl der Betriebe der jeweiligen Gruppe)

a) Betriebe insgesamt

alte Standorte \ neue Standorte	Ballungs-		ländliche Räume	insgesamt
	kerngebiete	randgebiete		
Ballungs- kerngebiete	15,3	20,1	14,5	49,9
Ballungs- randgebiete	4,5	5,1	3,7	13,3
ländliche Räume	3,6	4,7	28,5	36,8
insgesamt	23,4	29,9	46,7	100,0

b) Verlagerungen

alte Standorte \ neue Standorte	Ballungs-		ländliche Räume	insgesamt
	kerngebiete	randgebiete		
Ballungs- kerngebiete	18,1	27,4	13,4	58,9
Ballungs- randgebiete	3,8	6,3	2,5	12,6
ländliche Räume	2,4	3,1	23,0	28,5
insgesamt	24,3	36,8	38,9	100,0

c) Zweigbetriebe

alte Standorte \ neue Standorte	Ballungs-		ländliche Räume	insgesamt
	kerngebiete	randgebiete		
Ballungs- kerngebiete	12,5	12,3	15,9	40,7
Ballungs- randgebiete	5,2	3,8	4,8	13,8
ländliche Räume	5,0	6,3	34,3	45,6
insgesamt	22,7	22,4	55,0	100,0

noch Tabelle 3.7: <u>Innerhalb Nordrhein-Westfalens gewanderte Industriebetriebe</u>

<u>nach Raumtypen und ausgewählten Gruppen von Betrieben</u>

(in Prozent der Gesamtzahl der Betriebe der jeweiligen Gruppe)

d) EBM-Waren, Schmuckwaren (RASS 3)

alte Standorte \ neue Standorte	Ballungs- kerngebiete	Ballungs- randgebiete	ländliche Räume	insgesamt
Ballungs- kerngebiete	14,2	20,3	10,8	45,3
Ballungs- randgebiete	6,8	9,5	4,0	20,3
ländliche Räume	3,4	6,0	25,0	34,4
insgesamt	24,4	35,8	39,8	100,0

e) Metall-, Maschinen- und Landfahrzeugbau (RASS 4)

alte Standorte \ neue Standorte	Ballungs- kerngebiete	Ballungs- randgebiete	ländliche Räume	insgesamt
Ballungs- kerngebiete	21,9	28,4	14,0	64,3
Ballungs- randgebiete	4,2	2,3	2,8	9,3
ländliche Räume	3,2	0,9	22,3	26,4
insgesamt	29,3	31,6	39,1	100,0

f) Elektrotechnische Industrie (RASS 7)

alte Standorte \ neue Standorte	Ballungs- kerngebiete	Ballungs- randgebiete	ländliche Räume	insgesamt
Ballungs- kerngebiete	24,6	19,3	14,0	57,9
Ballungs- randgebiete	2,6	4,4	3,5	10,5
ländliche Räume	10,5	7,0	13,2	31,6
insgesamt	37,7	31,6	30,7	100,0

noch Tabelle 3.7: Innerhalb Nordrhein-Westfalens gewanderte Industriebetriebe nach Raumtypen und ausgewählten Gruppen von Betrieben

g) Chemische und kunststoffverarbeitende Industrie (RASS 9)

alte Standorte \ neue Standorte	Ballungs-kerngebiete	Ballungs-randgebiete	ländliche Räume	insgesamt
Ballungs- kerngebiete	15,9	24,4	17,1	57,4
Ballungs- randgebiete	6,1	7,3	7,3	20,7
ländliche Räume	1,2	1,2	19,5	21,9
insgesamt	23,2	32,9	49,9	100,0

h) Bekleidungsindustrie (RASS 19)

alte Standorte \ neue Standorte	Ballungs-kerngebiete	Ballungs-randgebiete	ländliche Räume	insgesamt
Ballungs- kerngebiete	5,9	12,8	19,2	37,9
Ballungs- randgebiete	2,5	3,4	5,4	11,3
ländliche Räume	1,9	9,4	39,5	50,8
insgesamt	10,3	25,6	64,1	100,0

i) Betriebe mit weniger als 50 Beschäftigten

alte Standorte \ neue Standorte	Ballungs-kerngebiete	Ballungs-randgebiete	ländliche Räume	insgesamt
Ballungs- kerngebiete	12,8	17,5	15,4	45,7
Ballungs- randgebiete	5,5	5,7	4,2	15,4
ländliche Räume	2,5	3,4	33,0	38,9
insgesamt	20,8	26,6	52,6	100,0

noch Tabelle 3.7: Innerhalb Nordrhein-Westfalens gewanderte Industriebetriebe
nach Raumtypen und ausgewählten Gruppen von Betrieben

j) Betriebe mit 50 bis unter 100 Beschäftigten

alte neue Standorte Standorte	Ballungs- kerngebiete	randgebiete	ländliche Räume	insgesamt
Ballungs- kerngebiete	15,6	24,1	14,6	54,3
randgebiete	4,2	3,6	4,6	12,4
ländliche Räume	4,9	4,6	23,8	33,3
insgesamt	24,7	32,3	43,0	100,0

k) Betriebe mit mehr als 100 Beschäftigten

alte neue Standorte Standorte	Ballungs- kerngebiete	randgebiete	ländliche Räume	insgesamt
Ballungs- kerngebiete	21,5	21,5	11,6	54,6
randgebiete	2,0	5,8	1,5	9,3
ländliche Räume	4,9	8,3	22,9	36,1
insgesamt	28,4	35,6	36,0	100,0

Standortfaktoren bei Expansion ihren Standort ganz oder teilweise aufgeben, sich eher einen neuen Standort (wieder) im Ballungsraum "leisten" können.

Es wurde daher angenommen, daß für den wandernden Betrieb nicht in jedem Fall alle Nahbereiche in Nordrhein-Westfalen in allen drei Raumtypen mögliche Alternativen für den Standortwechsel bildeten. Als "potentielle Standorte" eines über eine Entfernung von 20 km und mehr wandernden Betriebes wurden Nahbereiche angesehen, die dem gleichen Raumtyp wie der tatsächlich ausgewählte Standort angehörten; für die Nahwanderer galt diese Annahme nicht; unter der Annahme, daß diese Gruppe den neuen Standort unter dem Aspekt gewählt hat, Ressourcen des alten Standorts weiterhin zu nutzen, waren die Qualitäten des neuen Standorts eher zweitrangig. Es muß einschränkend hinzugefügt werden, daß die Zuordnung der Nahbereiche zu den Raumtypen über den Untersuchungszeitraum hinweg konstant gehalten ist, so daß die Trennschärfe der Kategorien - insbesondere in Bezug auf Ballungskern- und -randgebiete - den tatsächlichen Verhältnissen während der einzelnen Abschnitte des gesamten Untersuchungszeitraumes im wesentlichen, aber nicht ganz genau entspricht.

Die Hälfte aller wandernden Betriebe stammte aus den Ballungskernen; von diesen Betrieben fanden etwa 40 % einen neuen Standort am Rande der Ballungen. Eine weitere große Gruppe (28,5 % aller wandernden Betriebe) wanderte innerhalb des ländlichen Raumes, während Wanderungen zwischen Ballungen (Kern und Rand) und ländlichen Gebieten weniger häufig auftraten (18,2 %). Nach Errichtungsart differenziert zeigt sich, daß Verlagerungen in selteneren Fällen die "Grenze" zwischen Agglomeration und ländlichem Raum überschritten als die Zweigbetriebe. Das deckte sich mit den errichtungsartspezifischen durchschnittlichen Wanderungsdistanzen (der Wechsel des Raumtyps verlangte in der Regel eine größere Wanderungsentfernung) und stützte die Annahme, daß sich bei den beiden Errichtungsarten unterschiedliche Standortbedürfnisse mit dem Wechsel des Standorts durchsetzten: Zweigbetriebe wechselten relativ häufiger über die Grenze Ballung - ländlicher Raum (20,7 % im Gegensatz zu 15,9 %), um ihre im Vergleich zum Stammwerk tendenziell andersartigen Standortanforderungen zu realisieren.

Bemerkenswert ist der große Anteil sowohl bei Verlagerungen als auch bei Zweigbetrieben, der innerhalb des ländlichen Raumes wanderte. Das deutet darauf hin, daß auch im ländlichen Raum verschiedene Arten von Standorten vertreten waren, die es vielen Betrieben erlaubten, ihre Standortansprüche zumindest hinreichend zu realisieren, ohne die Raumkategorie zu wechseln.

Allen betrachteten Branchen (zur Begründung der Auswahl in Tabelle 3.7 siehe
Kap. 3.5.5) mit Ausnahme der Bekleidungsindustrie ist gemeinsam, daß mobile
Betriebe zum großen, häufig zum größten Teil aus den Ballungskernen stammten.
Die von den Ballungskernen ausgehenden Wanderungen waren hauptsächlich auf
die Ballungsrandgebiete gerichtet mit Ausnahme der Wanderungen von elektro-
technischen Betrieben, von denen ein hoher Prozentsatz (24,6 %) sich wiederum
in einem Ballungskern ansiedelte. Betriebe der Bekleidungsindustrie wanderten hauptsächlich innerhalb der oder in die ländlichen Gebiete.

Es wäre unrealistisch, anzunehmen, daß eine gute Infrastrukturausstattung
andere, nicht infrastrukturelle Standortfaktoren vollkommen substituieren
kann; das stünde jedoch implizit hinter der Vorgehensweise, alle Nahbereiche
ohne Berücksichtigung anderer eventuell standortwahlbeeinflussender Merkmale,
z.B. des Raumtyps (als eines Ausdrucks für eine bestimmte Konstellation
solcher Merkmale), dem sie angehören, als potentielle Standorte zu betrachten und dann zu prüfen, inwieweit tatsächlich der Nahbereich mit der besten
Infrastrukturausstattung als neuer Standort ausgewählt wurde. Da gezeigt
wurde (s. Tabelle 3.7), daß die Raumtypen in unterschiedlichem Ausmaß Quelle
bzw. Ziel von Wanderungen waren, und da die Verteilung der Infrastrukturniveaus über die 10 Indexklassen raumtypspezifische Unterschiede aufwies
(s. Abb. 3.1), war es nicht nur nötig, das absolute Ausstattungsniveau der
Standorte zu betrachten, sondern insbesondere deren relative Stellung innerhalb der Gruppe der Nahbereiche, die als alternative Ansiedlungsmöglichkeiten in Betracht kamen. Es wurde deshalb für jeden Wanderungsfall eine
Hierarchie der potentiellen Standorte nach ihrer Infrastrukturausstattung
aufgestellt; innerhalb dieser Hierarchie konnte der Rang des tatsächlich
ausgewählten Standortes bestimmt werden.

Als potentielle Standorte sollten gelten:
für die Nahwanderer:
    zunächst alle Nahbereiche innerhalb einer Entfernung von 20 km vom alten
    Standort. Traf die Annahme zu, daß für die Nahwanderer aufgrund der Nähe
    zum alten Standort die Ressourcen des neuen Standortes nicht allzu rele-
    vant waren, war zu erwarten, daß die Infrastrukturausstattung der neuen
    Standorte eine zufällige Verteilung - d.h. ähnlich der Verteilung aller
    Nahbereichsausstattungen innerhalb 20 km der alten Standorte - zeigte. An-
    dererseits war es denkbar, daß auch mit einer größeren Wanderungsdistanz
    kein besserer Standort hätte gefunden werden können. In diesem Fall wäre
    die kurze Wanderungsdistanz zufälliges Ergebnis der Suche nach einem in-
    frastrukturell gut ausgestatteten Standort, die aus der räumlichen Ver-
    teilung der Infrastrukturniveaus resultierte und nicht Determinante der
    Standortentscheidung war. Um dies nachzuprüfen, wurden für weitere Be-

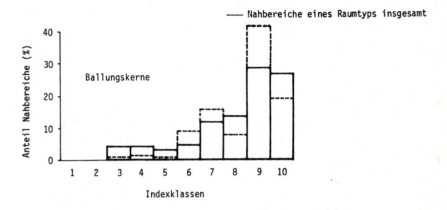

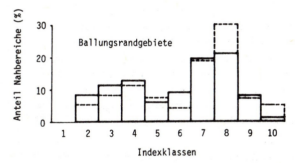

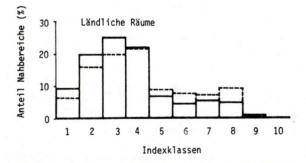

Abb. 3.1: <u>Verteilung der Nahbereiche sowie der neuen Standorte nach Infrastrukturindexklassen und Raumtypen</u>

rechnungen auch Nahbereiche innerhalb größerer Entfernungen vom alten
Standort als potentielle Standorte in den Aufbau der Hierarchie der Infrastrukturausstattung einbezogen.

für die Fernwanderer:
- alle Nahbereiche innerhalb der gewanderten Distanz im Raumtyp des neuen
  Standorts;
- alle Nahbereiche, die in gleicher oder größerer Entfernung vom alten
  Standort im Raumtyp des neuen Standorts liegen.

Diese Vorgehensweise erlaubt es, festzustellen, ob die Auswahl eines neuen
Standorts aus der Gesamtheit der jeweils als potentielle Ansiedlungsorte
definierten Nahbereiche möglicherweise nach Kriterien der Infrastrukturausstattung getroffen wird, und erlaubt auch die Überprüfung einer "Distanzhypothese", die besagt, daß Betriebe versuchen, die Wanderungsent-
fernungen zu minimieren.

Erweist sich, daß die gewanderte Distanz notwendig zur Erreichung eines
Standorts mit gewünschtem Ausstattungsgrad ist (d.h., daß kein Nahbereich
innerhalb der gewanderten Entfernung ein höheres Ausstattungsniveau aufweist), so spricht dies zugunsten der Annahme, daß die Infrastrukturausstattung für die Standortwahl entscheidend ist; gleichzeitig kann die
These, daß Betriebe sich in möglichst geringer Entfernung neu ansiedeln
wollen, zutreffen. Zeigt sich, daß unterhalb der tatsächlich gewanderten
Distanz ein Standort mit besserer Infrastruktur erreichbar war, sind sowohl die Distanzhypothese als auch die Hypothese von der ansiedlungsbe-
stimmenden Infrastrukturausstattung in der hier getesteten Form falsifiziert.

Es wird als These angenommen, daß die Entscheidung, den Betrieb ganz
oder teilweise zu verlegen, dadurch bestimmt wird, daß das Angebot auf
den Faktormärkten am alten Standort nach Quantität, Qualität oder Preis
den Erfordernissen des Unternehmens nicht mehr gerecht wird. Für expandierende Unternehmen dürfte in der Regel die mangelnde Quantität bzw.
Qualität der verfügbaren Ressourcen Anlaß der Wanderungen sein; es ist
anzunehmen, daß Betriebe solcher Unternehmen eher einen neuen Standort
mit gleichem oder besserem Ausstattungsniveau wählen, in denen möglicherweise aufgrund größerer Konkurrenz auf den Faktormärkten höhere Produktions-
kosten in Kauf genommen werden, als solche, die aus Kostengründen ihre
Produktion zumindest zum Teil verlegen (müssen).

Die für die vorliegende Untersuchung verwendeten Beobachtungen enthalten
keine expliziten Angaben über die Gründe der Betriebswanderungen. Daher
konnte nur versucht werden, anhand objektivierbarer Merkmale der alten
und der neuen Standorte Aufschlüsse darüber zu gewinnen, ob Betriebe aus
Branchen mit stagnierender oder unterdurchschnittlicher wirtschaftlicher
Entwicklung in stärkerem Maße ein Wanderungsverhalten zeigen, das - im
Vergleich zum alten Standort - in Standorte mit niedrigerem Ausstattungsniveau tendiert, als Betriebe, die wachsenden Branchen angehörten.

Die Vermutung, daß Zweigbetriebe "verlängerte Werkbänke" sind, die konjunk-
turellen Einflüssen sehr stark unterliegen, und die Tatsache, daß Zweigbetriebe häufiger als Verlagerungen aus den Ballungen in ländliche Gebiete
wandern, verdeutlicht die Problematik, unter der die Industrieansiedlungs-
politik steht. Eventuelle Hinweise auf errichtungsartspezifische Standortansprüche im Bereich der Infrastruktur können hilfreich für die Verfeinerung
des regionalpolitischen Instrumentariums sein, die gezielte Anreize für die
räumliche Umsetzung von arbeitsmarktpolitisch hochwertigen Arbeitsplätzen
durch Totalverlagerungen bietet.

Einerseits ist es möglich, daß verlagerte Betriebe ihre Ertragserwartungen
für die Zukunft positiver einschätzen als Zweigbetriebe, da für Verlagerer
die Kosten des Standortwechsels in der Regel höher anzusetzen sind. Verlagerte Betriebe dürften dann eher den wachsenden Betrieben zuzurechnen sein.
Andererseits ist die Entscheidung, ob die Produktion ganz oder nur teilweise
an einem anderen Standort aufgenommen werden soll, auch Resultat der inner-
betrieblichen Verflechtungen des Produktionsprozesses: die Vorteile einer
Standortspaltung mit jeweils speziell geeignetem Angebot an Produktionsfak-
toren können durch die intern entstehenden Kommunikations- bzw. Transportkosten zunichte gemacht werden. Schlußfolgerungen auf die wirtschaftliche
Situation der Betriebe aus der Art der Errichtung können deshalb nur bedingt
gültig sein; trotzdem soll die Untersuchung des Wanderungsverhaltens auch
nach Errichtungsart differenziert vorgenommen werden, um festzustellen, inwieweit sich Unterschiede im Wanderungsverhalten nachweisen lassen.[1]

Für die branchenweise Auswertung wurden 5 Industriezweige mit unterschiedlicher wirtschaftlicher Entwicklung ausgewählt, und zwar die RASS-Gruppen
3 (EBM-, Schmuckwarenindustrie), 4 (Metall-, Maschinen-, Landfahrzeugbau),
7 (Elektrotechnische Industrie), 9 (Chemische und kunststoffverarbeitende
Industrie) und 19 (Bekleidungsindustrie). Mit Ausnahme der Gruppe 9 weist

---

[1] In Kap. 2 wurde bereits angesprochen, daß Standortfaktoren im Entscheidungsprozeß von den Betrieben je nach Errichtungsart unterschiedlich bewertet werden.

jede Gruppe eine für die statistische Untersuchung ausreichende Anzahl von über 100 Wanderungsfällen auf; die Gruppe 9 mit nur 81 gewanderten Betrieben wurde aufgrund ihrer expansiven wirtschaftlichen Entwicklung in die Untersuchung einbezogen.

Aufgrund der Vermutung, daß die Betriebsgröße einen Einfluß auf das Wanderungsverhalten hat (große Betriebe bevorzugen möglicherweise große Standorte, die in der Regel ein höheres Ausstattungsniveau haben oder sind durch ihre gründlichere Nachforschung über alternative Ansiedlungsmöglichkeiten[1] und deren Infrastrukturausstattung besser informiert), wurden die Auswertungen auch für unterschiedliche Betriebsgrößen durchgeführt.

Die durchgeführten Auswertungen sind dargestellt in Übersicht 3.8.

---

[1] Fürst, D. und Zimmermann, K.: Standortwahl ... a.a.O., S. 44 ff.

Übersicht 3.8: Durchgeführte Auswertungen zur Infrastrukturausstattung der alten und neuen Standorte von Betrieben

Untersuchte Wanderungsgruppe	Bestimmung des Ausstattungsgefälles zwischen der Infrastruktur der alten und neuen Standorte der Betriebe der Wanderungsgruppe	Bestimmung der Rangplätze der neuen Standorte der Betriebe der Wanderungsgruppe innerhalb einer Hierarchie potentieller Standorte. Als potentielle Standorte gelten die Nahbereiche			
		innerhalb 20 km Distanz vom alten Standort	innerhalb 40 km Distanz vom alten Standort	innerhalb der gewanderten Distanz im Raumtyp des neuen Standorts	oberhalb der gewanderten Distanz im Raumtyp des neuen Standorts
Betriebe insgesamt, untergliedert nach:	x				
Errichtungsarten	x				
RASS-Gruppen	x				
Betriebsgrößen	x				
Nahwanderer insges. untergliedert nach:	x	x	x		
Errichtungsarten	x	x	x		
RASS-Gruppen	x	x	x		
Betriebsgrößen	x	x	x		
Fernwanderer insg. untergliedert nach:	x			x	x
Errichtungsarten	x			x	x
RASS-Gruppen	x			x	x
Betriebsgrößen	x			x	x

3.5 Ergebnisse der Prüfung der Thesen

3.5.1 Das Standortverhalten der Wanderer insgesamt

Es wurde schon gezeigt (s. Tabelle 3.5, S. 29), daß infrastrukturell gut
ausgestattete Nahbereiche überdurchschnittlich häufig als neue Standorte gewählt werden. Dies rechtfertigte die These, daß die Infrastruktur des neuen
Standortes Standortentscheidungen zumindest zum Teil beeinflußt. Um dieses
undifferenzierte Wanderungsverhalten detaillierter zu untersuchen, wurden
Auswertungen im Sinne von Kap. 3.4 (insbesondere Übersicht 3.8) durchgeführt
und als Anfangspunkt der Analysen die Tabelle 3.9 zusammengestellt.

Für die 1 072 gewanderten Betriebe insgesamt wurden zuerst die Mediane der
durch Indexpunktwerte quantifizierten Ausstattungen der alten und neuen Standorte als typische Mittelwerte der jeweiligen Verteilungen berechnet (die
2. und 3. Spalte der Tabelle 3.9). Der Median wurde für diese Beschreibungs-
aufgabe (im Gegensatz zum arithmetischen Durchschnittswert) nicht nur hier,
sondern auch für die untergliederten Verteilungen durchgehend gewählt, da
die Verteilungen z.T. sehr schief erschienen (s. z.B. Abb. 3.1, S. 39), was
bedeutet, daß beim Durchschnittswert die dünn besetzten Extremklassen einen
nicht zu vertretenden Einfluß bei der Berechnung des "typischen" Wertes ausüben. Mediane (oder Zentralwerte) schließen daher aus, daß inhaltliche Schlüs-
se gezogen werden, die zu einem überproportional signifikanten Teil auf das
Verhalten weniger gewanderter Betriebe bezogen sind.

Die betriebliche und daher komparative Zusammensetzung der zwei Verteilungen
wurde dann durch Auswertungen ausgedrückt, die die prozentualen Anteile der
Betriebe insgesamt, die um 10 % oder mehr über bzw. unter oder innerhalb
10 % der maximalen Ausstattungswertdifferenz der jahresspezifisch betrachteten alten Standorte gewandert sind, bestimmen (Spalten 4, 5 bzw. 6 der Tabelle
3.9). Die Grenze von 10 % wurde unter den Gesichtspunkten gewählt, daß
1. zur Wanderung entschlossene Betriebe eine geringere Ausstattungsdifferenz
unter Umständen nicht als solche wahrnehmen können, und daß 2. innerhalb der
Genauigkeiten der hier durchgeführten Quantifizierungen dies als die minimale erkennbare Ausstattungsdifferenz gelten kann.

Die in Tabelle 3.9 aufgeführten Untergliederungen der gewanderten Betriebe
insgesamt (nach Errichtungsarten, ausgewählten RASS-Gruppen und Betriebsgrößen) wurden gleichermaßen ausgewertet; von den RASS-Gruppen wurden nur diejenigen mit mehr als 100 Wanderungsfällen berücksichtigt, mit Ausnahme der

Tabelle 3.9: Das Standortwahlverhalten der Wanderer insgesamt

(für industrielle Wanderung innerhalb Nordrhein-Westfalens)

berücksichtigte Wanderungsgruppe	Anzahl der Betriebe	Median-index-punktwert der Ausstattung der		Anteil Betriebe in % der Wanderungsgruppe, deren neuer Standort um		
				10 % oder mehr der maximalen Ausstattungs-differenz (a)	weniger als 10 % der maximalen Ausstattungsdifferenz (a) vom Ausstattungsniveau des alten Standorts abweicht
		alten	neuen	über	unter	
		Standorte		dem Ausstattungsniveau des alten Standorts liegt		
Betriebe insges.	1072	76	60	22,0	51,7	26,3
darunter :						
Verlagerungen	552	82	68	17,7	54,0	28,3
Zweigbetriebe	520	69	51	26,5	49,2	24,2
Rass 3	148	74	68	28,4	47,3	24,3
Rass 4	215	84	68	16,7	55,4	27,9
Rass 7	114	80	64	27,2	53,5	19,3
Rass 9	81	82	68	11,1	56,8	32,1
Rass 19	203	66	46	25,1	51,2	23,7
Betr.mit weniger als 50 Besch.	560	76	60	20,9	52,3	26,8
Betr.mit 50 bis unter 100 Besch.	307	78	62	20,5	54,1	25,4
Betr.mit 100 od. mehr Besch.	205	76	64	27,3	46,4	26,3

Anmerkung

(a) Differenz der Indexpunkte zwischen dem Nahbereich mit der niedrigsten und dem der höchsten Ausstattung; diese betrug in den Jahren vor 1960 84 Punkte, von 1960 bis 1971 90 Punkte.

RASS-Gruppe 9, die aufgrund ihrer - im Vergleich zu den anderen ausgewählten RASS-Gruppen - deutlich unterschiedlichen wirtschaftlichen Entwicklung ausgewählt wurde, obowhl nur 81 Wanderungsfälle in dieser Gruppe vorhanden waren. Diesen 5 Gruppen gehören immerhin etwa 71 % aller Wanderungsfälle an.

Bei einem ersten Überblick über die Ergebnisse verwundert es zunächst, daß, obwohl eine "Verbesserungstendenz" in Tabelle 3.5 vermutet werden könnte, mehr als die Hälfte aller Betriebe einen neuen Nahbereich wählt, dessen Ausstattung unter der des alten Standortes liegt. Entscheidend dafür ist aber nicht die Errichtungsart, Branchenzugehörigkeit oder Betriebsgröße, sondern die in Bezug auf den Raumtyp betrachtete Wanderungsrichtung - in einer möglichen Verbindung mit der Wanderungsdistanz -, wie im folgenden erklärt und danach weiter untersucht wird. Auch ist zunächst die geringe Variation der Streuung der Ergebnisse für die Untergruppen der Betriebe insgesamt überraschend; die Betriebe der RASS-Gruppe 9 (chemische und kunststoffverarbeitende Industrie) wählen zu 56,8 % (dem höchsten Anteilswert), die Betriebe mit über 100 Beschäftigten zu 46,4 % (dem niedrigsten Anteilswert) neue Standorte mit einem durch die 10 %-Grenze definierten niedrigeren Ausstattungsniveau; sogar dieser maximale Unterschied im gruppenspezifischen Wanderungsverhalten wäre nur spekulativ interpretierbar.

Für diejenigen Betriebe, die in den Ballungskerngebieten ansässig waren, ist der Standortwechsel mit einem (statistischen) Verlust am Zugang zu Infrastruktureinrichtungen sicherlich zu erwarten; es wird noch gezeigt, daß sogar innerhalb des ländlichen Raumes eine Wanderungstendenz in Nahbereiche mit geringerem Ausstattungsgrad zu beobachten ist.zu diesen Fällen allein zählen 78,4 % aller Wanderungen innerhalb Nordrhein-Westfalens, so daß die allgemeinen Tendenzen der Tabelle 3.9 damit erklärt werden können.

Bemerkenswert beim Vergleich mit der allgemeinen Tendenz ist, daß ein überdurchschnittlich hohes Ausgangsniveau für die Verlagerungen und für die ausgewählten RASS-Gruppen mit Ausnahme insbesondere der Bekleidungsindustrie gezeigt wird. Das Ausstattungsgefälle zwischen altem und neuem Standort weist für die Errichtungsarten signifikante Unterschiede auf; die RASS-Gruppe 3 (EBM-Waren) zeigt eine relativ geringe Differenz zwischen der Ausstattung des alten und neuen Standortes, während die Bekleidungsindustrie (RASS-Gruppe 19) aus Nahbereichen niedrigeren Niveaus in Nahbereiche mit noch geringerer Ausstattung wandert. Dies stützt auf den ersten Anblick die These, daß infrastrukturell benachteiligte Standorte Rückzugsgebiete im sek-

toralen Wandel sind. Untergliedert nach Betriebsgrößenklassen zeigt die Auswertung stets ein kaum von den Durchschnittswerten abweichendes Wanderungsverhalten.

Eine Betrachtung der Streuung der vom Durchschnittsverhalten her gerade kom-
mentierten Ergebnisse (in den letzten drei Spalten der Tabelle 3.9) bestätigt
nur die schon beobachtete weitgehende Homogenität des Wanderungsverhaltens
für die dort ausgewerteten Wanderungsgruppen. Unterproportional häufig wählen
einerseits die Verlagerungen, die Metall-, Maschinen- und Landfahrzeugbau-Be-
triebe (RASS 4) und die chemische Industrie (RASS 9) besser ausgestattete
neue Standorte. Selektiver im positiven Sinne andererseits scheint die Gruppe der größeren Betriebe in Bezug auf die Infrastruktur zu reagieren, ebenso die RASS-Gruppe 3 (EBM-Waren) und die Zweigbetriebe. Im allgemeinen ist
jedoch, auch bei dieser Betrachtung der Streuung, bei der das Niveau des Aus-
stattungswechsels nicht berücksichtigt wird, die Notwendigkeit einer diffe-
renzierteren, thesenhaft gezielteren Auswertung ersichtlich, um - falls die Datenlage dies zuläßt - zu ausgeprägteren und für die politische Realität ver-
wertbareren Aussagen über das industrielle Wanderungsverhalten in Hinsicht
auf die Infrastrukturausstattung zu kommen. Mit dieser Absicht wurde das Aus-
wertungsprogramm der Übersicht 3.8 konzipiert.

3.5.2 Das Standortwahlverhalten der Nahwanderer

Eine parallel zur Tabelle 3.7 gestaltete, raumtypspezifische Betrachtung der
Wanderungsfälle zeigt (Tabelle 3.10), daß ein Großteil (insgesamt 77,8 %) der
"nahwandernden" Betriebe, die weniger als 20 km Distanz zurücklegen, innerhalb
des ländlichen Raumes bzw. innerhalb der Kerngebiete der Ballungen oder aus
Ballungskernen an deren Rand wandert.

Die zur Tabelle 3.9 parallele Auswertung der entsprechenden Ausstattungsniveaus zeigt dann, daß im Vergleich zu den Wanderungen insgesamt die Nahwanderer Standorte mit höherem Ausstattungsniveau verlassen und deutlich überwiegend für alle berücksichtigten Untergruppen Standorte mit gleicher oder geringerer Ausstattung wählen (s. Tabelle 3.11). Da die Nahwanderer stärker die
Ballungsgebiete bevorzugen (vgl. Tabelle 3.7 (a) und Tabelle 3.10), ist es
auch nicht überraschend, daß ihre neuen Standorte im Vergleich zu den neuen
Standorten der Wanderungsfälle insgesamt einen höheren Ausstattungsgrad aufweisen. Im Durchschnitt liegt aber dieses höhere Niveau um 11 Indexpunkte
unter dem der alten Standorte, obwohl - wie weitere noch zu beschreibende

Tabelle 3.10: Innerhalb Nordrhein-Westfalens nahgewanderte Industriebetriebe nach Raumtypen

neue Standorte / alte Standorte	in Prozent der Nahwanderer insgesamt			
	Ballung		ländliche Räume	insgesamt
	Kerngebiete	Randgebiete		
Ballung — Kerngebiete	20,8	24,9	6,1	51,8
Ballung — Randgebiete	4,7	6,3	2,1	13,1
ländliche Räume	1,1	1,9	32,1	35,1
insgesamt	26,2	33,1	40,3	100,0

Auswertungen belegen - es sich nicht beweisen läßt, daß die Entscheidung für einen nahgelegenen Nahbereich die Implikation hat, daß ein Standort mit einem niedrigeren Infrastrukturausstattungsniveau akzeptiert werden muß. In der Tat wandern aufgrund der räumlichen Verteilung der Ausstattungsniveaus in Nordrhein-Westfalen 51,8 % aller Nahwanderer, die einen alten Standort im Ballungskern haben, unter bestmöglichen Bedingungen, was die Auswahlmöglichkeiten an Standorten hohen Niveaus in geringer Entfernung zum alten Standort betrifft.

Nahwanderer sind möglicherweise nicht nur diejenigen, die die Nähe zum alten Standort als dominierenden Faktor bei der Standortwahl berücksichtigen, sondern auch diejenigen, für die eine kurze Wanderungsentfernung als Nebeneffekt aus einer im Vordergrund stehenden Suche nach einem gut ausgestatteten neuen Standort resultieren könnte, weil ein passender Nahbereich mit gutem Ausstattungsgrad innerhalb kurzer Entfernung gefunden werden kann; 52,5 % der Nahwanderer insgesamt haben einen besser oder gleich ausgestatteten neuen Standort gewählt.

Bei den berücksichtigten Untergruppen (Tabelle 3.11) fallen nur die Zweigbetriebe und die Nahwanderer der Bekleidungs- und der metallverarbeitenden Industrie (die RASS-Gruppen 19 bzw. 4) deutlich aus dem Rahmen der Durchschnittswerte für die Nahwanderer insgesamt. In näherer Entfernung errichtete Zweigbetriebe stammen aus Standorten mit weit unterdurchschnittlichem Ausstattungs-

Tabelle 3.11: Das Standortwahlverhalten der Nahwanderer

(für industrielle Wanderung innerhalb Nordrhein-Westfalens)

berücksichtigte Wanderungsgruppe	Anzahl der Betriebe	Medianindexpunktwert der Ausstattung der		Anteil Betriebe in % der Wanderungsgruppe, deren neuer Standort um		
				10 % oder mehr der maximalen Ausstattungsdifferenz (a)		weniger als 10 % der maximalen Ausstattungsdifferenz (a) vom Ausstattungsniveau des alten Standorts abweicht
		alten	neuen	über	unter	
		Standorte		dem Ausstattungsniveau des alten Standorts liegt		
Nahwanderer insges.	571	80	69	17,5	47,5	35,0
darunter:						
Verlagerungen	373	83	70	14,8	48,5	36,7
Zweigbetriebe	198	70	60	22,7	45,0	32,3
Rass 3	87	76	70	21,8	44,8	33,3
Rass 4	125	88	70	11,2	56,0	32,8
Rass 7	52	80	64	..	..	.. (b)
Rass 9	46	84	70	..	..	..
Rass 19	80	67	58	18,8	40,0	41,2
Betr.mit weniger als 50 Besch.	315	79	69	18,7	47,6	33,7
Betr.mit 50 bis unter 100 Besch.	154	81	70	14,3	48,7	37,1
Betr.mit 100 od. mehr Besch.	102	80	68	18,6	44,1	37,3

Anmerkungen

(a) Differenz der Indexpunkte zwischen dem Nahbereich mit der niedrigsten und dem der höchsten Ausstattung; diese betrug in den Jahren vor 1960 84 Punkte, von 1960 bis 1971 90 Punkte.

(b) Nachweis nicht sinnvoll, weil die niedrige Anzahl der Fälle zu Ergebnissen führte, die durch die Wahl einer geringfügig anderen Prozentgrenze als 10 % erheblich beeinflußt wurden.

niveau; dasselbe gilt für die Bekleidungsindustrie, wobei in beiden Fällen
das Gefälle zwischen altem und neuem Standort durchaus dem Durchschnittsgefälle entspricht. Die Nahwanderer der RASS-Gruppe 4, der Metall-, Maschinen-
und Landfahrzeugbau-Industrie, haben andererseits einen hohen Ausgangs-Aus-
stattungsgrad und weisen ein Gefälle von 18 Indexpunkten zum neuen Standort
auf, und zwar im Vergleich zum Durchschnittsgefälle von 11 Indexpunkten. Die
Implikation dieses Ergebnisses könnte durchaus sein, daß die RASS-Gruppe 4,
die den höchsten Ausstattungsgrad aller berücksichtigten Untergruppen am alten Standort besitzt und daher relativ häufiger aus den Ballungen auswan-
dert, andere Standortfaktoren als die Infrastruktur berücksichtigt.

Bei den Streuungswerten der letzten drei Spalten in Tabelle 3.11 fällt noch-
mals die Homogenität der Ergebnisse auf; lediglich aus dem schon erklärten
Grund macht sich die RASS-Gruppe 4 bemerkbar. Auffallend ist aber auch - relativ zu den Ergebnissen für die Wanderer insgesamt -, daß nahgewanderte Betriebe nach Größenklassen kein differenziertes Verhalten hinsichtlich der Infrastruktur bei der Standortwahl zeigen.

Um die Stellung der neuen Standorte nach ihrer Infrastrukturausstattung mit
anderen infragekommenden Ansiedlungsmöglichkeiten zu vergleichen, wurden als
potentielle Standorte für die Nahwanderer alle die Nahbereiche betrachtet,
die nicht weiter als 20 km vom alten Standort entfernt sind. Für jeden Wanderungsfall wurde für die potentiellen Standorte im entsprechenden Jahr die
Infrastruktur-Indexpunktklasse ermittelt und anhand dieser Informationen den
potentiellen Standorten Rangplätze zugeordnet, wobei Rangplatz 1 der Klasse
mit der besten Ausstattung gegeben wurde. Der Rangplatz des ausgewählten
Nahbereichs konnte dann identifiziert werden. Tabelle 3.12 stellt die Verteilung der Wanderungsfälle über die so ermittelten Rangplätze der neuen
Standorte für die schon berücksichtigten Untergruppen der Nahwanderer dar.
In Tabelle 3.13 werden die entsprechenden Ergebnisse für eine zum Vergleich
durchgeführte Auswertung der Nahwanderer für betrachtete potentielle Standorte, die nicht weiter als 40 km vom alten Standort entfernt sind, dargestellt.

Betrachtet man die Gruppe der Nahwanderer insgesamt, so zeigt sich, daß nur
14,7 % der gewanderten Betriebe einen erstrangigen neuen Standort innerhalb
von 20 km Entfernung wählten bzw. beibehielten. Nahbereiche mit dem jeweils
zweiten oder dritten Rang zogen die meisten gewanderten Betriebe auf sich.
Für die berücksichtigten Untergruppen der Nahwanderer gelten ausnahmslos nu-

Tabelle 3.12: Die Verteilung der Nahwanderer nach dem Rangplatz des neuen
Standorts für potentielle Standorte innerhalb 20 km

Wanderungs- gruppe Nahwanderer; darunter:	Anzahl der Betriebe	prozentualer Anteil gewanderter Be- triebe nach dem Rangplatz des neuen Standorts					
		Rangplatz					
		1	2	3	4	5	6 oder niedri- ger
Betriebe insges.	571	14,7	27,1	20,3	15,9	8,9	13,1
Verlagerungen	373	12,9	27,9	21,7	15,3	9,1	13,1
Zweigbetriebe	198	18,1	25,7	17,7	17,2	8,6	12,7
Rass-Gruppe 3	87	12,6	25,3	26,4	14,9	9,2	11,6
Rass-Gruppe 4	125	17,6	24,0	20,0	11,2	11,2	16,0
Rass-Gruppe 7	52	9,6	26,9	19,2	9,6	15,4	19,3
Rass-Gruppe 9	46	10,9	34,8	21,7	15,2	10,9	6,5
Rass-Gruppe 19	80	15,0	26,3	20,0	22,5	7,5	8,7
Betriebe mit weniger als 50 Beschäftigten	315	13,7	27,9	21,9	13,7	8,6	14,2
Betriebe mit 50 bis unter 100 Beschäftigten	154	15,6	24,0	22,7	20,1	7,1	10,5
Betriebe mit 100 oder mehr Beschäftigten	102	16,7	29,4	11,8	16,7	12,8	12,6

Tabelle 3.13: Die Verteilung der Nahwanderer nach dem Rangplatz des neuen
Standorts für potentielle Standorte innerhalb 40 km

Wanderungs-gruppe Nahwanderer; darunter:	Anzahl der Betriebe	prozentualer Anteil gewanderter Betriebe nach dem Rangplatz des neuen Standorts					
		Rangplatz					
		1	2	3	4	5	6 oder niedriger
Betriebe insges.	571	11,0	16,1	18,6	18,2	8,6	27,4
Verlagerungen	373	10,7	16,9	19,6	20,1	8,3	24,4
Zweigbetriebe	198	11,6	14,6	16,7	14,6	9,6	32,9
Rass-Gruppe 3	87	10,3	13,8	24,1	23,0	5,8	23,0
Rass-Gruppe 4	125	13,6	17,6	18,4	16,0	6,4	28,0
Rass-Gruppe 7	52	7,7	11,5	15,4	23,0	7,7	34,7
Rass-Gruppe 9	46	8,7	15,2	30,4	17,4	10,9	17,4
Rass-Gruppe 19	80	10,0	20,0	13,8	11,3	11,3	33,6
Betriebe mit weniger als 50 Beschäftigten	315	9,2	16,5	21,3	15,9	10,5	26,6
Betriebe mit 50 bis unter 100 Beschäftigten	154	14,3	13,0	18,2	21,4	7,1	26,0
Betriebe mit 100 oder mehr Beschäftigten	102	11,8	19,6	10,8	20,6	5,9	31,3

merisch und inhaltlich ähnliche Aussagen (s. Tabelle 3.12). Auch zusätzliche,
hier nicht dargestellte Auswertungen für die Nahwanderer innerhalb der Ballungen und innerhalb des ländlichen Raumes zeigen eine ähnliche Tendenz; die jeweils besten innerhalb von 20 km erreichbaren Standorte ziehen im Gegensatz
zu Standorten des zweiten, dritten und auch vierten Ranges nur wenige Ansiedlungen auf sich.

Erweitert man den Kreis der potentiellen Standorte um alle diejenigen, die
20 bis 40 km vom alten Nahbereich entfernt sind, zeigt sich (für die Nahwanderer insgesamt), daß die Rangplätze, die die neuen Standorte einnehmen, niedriger liegen (s. Tabelle 3.13): nur noch 46 % der Betriebe gehen in einen
Standort 1. bis 3. Ranges gegenüber 62 %, wenn nur die Nahbereiche innerhalb
20 km Entfernung als potentielle Standorte gelten. Das bedeutet, daß 16 %
der Betriebe unter Inkaufnahme einer größeren Wanderungsentfernung sich in
einem besser ausgestatteten als dem ausgewählten Nahbereich hätten ansiedeln
können; da jedoch wiederum nur 15 % der Betriebe den bestmöglichen Standort
innerhalb der 20-km-Entfernung gewählt haben, kann - zumindest für die Gruppe der Nahwanderer - die These nicht verworfen werden, die besagt, daß kurze Wanderungsdistanzen bestimmend für die Standortwahl sind, auch unter Inkaufnahme einer weniger guten Ausstattung. Die Distanz kann entscheidend gewesen sein, hat aber nicht zur Folge, daß nach der Einschätzung der Betriebe "suboptimale" Standorte ausgewählt werden mußten, weil kein Standort mit
dem eigentlich gewünschten Ausstattungsniveau innerhalb kurzer Entfernung
erreichbar war.

Auch bei Tabelle 3.13 zeigen die berücksichtigten Untergruppen der Nahwanderer ein kaum vom Durchschnitt abweichendes Verhalten - zumindest keine Abweichungen, die sofort als indikativ für ein wesentlich anderes Verhalten interpretiert werden können.

Die These, die besagt, daß mit zunehmendem Ausstattungsniveau die Ansiedlungshäufigkeit steigt, kann in dieser allgemein formulierten Form für die
Nahwanderer eindeutig verworfen werden; besonders attraktiv erscheinen diejenigen Nahbereiche, die über eine geringere Ausstattung als die jeweils beste Ansiedlungsmöglichkeit verfügen. Dies bezieht sich nicht nur auf die Wanderungsfälle, die sich in unmittelbarer Nähe eines Nahbereichs der besten
Indexklasse 10 ansiedeln, sondern das gilt auch dann, wenn der jeweilige
erstrangige Standort einer niedrigeren Indexklasse angehört. Zwar ist die
relative Ansiedlungshäufigkeit für die jeweils "besten" Nahbereiche tenden-

ziell höher, je geringer ihr Ausstattungsgrad ist; in jedem Fall aber wandern mehr als 85 % der nahwandernden Betriebe nicht in den potentiellen Standort mit der besten Infrastrukturausstattung. Jedem gewanderten Betrieb stand ein potentieller Standort der Indexklasse 4 zur Verfügung innerhalb von 20 km Entfernung. Die Ansiedlungshäufigkeiten in den Indexklassen 1 bis 3 (s. Tabelle 3.5, S. 29) kommen also - soweit es die Nahwanderer betrifft - nicht dadurch zustande, daß eine vorgegebene Obergrenze der Wanderungsdistanz die Inkaufnahme eines Standorts mit geringem Ausstattungsgrad bedingt. Zusätzliche, hier nicht dargestellte Auswertungen zeigten jedoch, daß 20 % der Nahwanderer einen Nahbereich ausgewählt haben, der eine geringere Ausstattung als die der Indexklasse 4 aufweist. Betriebe, für die in 20 km Entfernung vom alten Standort ein Nahbereich der Indexklasse 10 oder 9 erreichbar war, haben zu 18 bzw. 24 % den erstrangigen gewählt; gehörte die ranghöchste Alternative der Indexklasse 8 oder 7 an, so haben auch nur 36 % bzw. 32 % der Betriebe diesen Nahbereich als neuen Standort bevorzugt. Auch dann, wenn der wandernde Betrieb einen Nahbereich mit einem geringeren Ausstattungsniveau als dem der Indexklasse 7 als "besten" Standort hätte auswählen können, wird die Wanderungsentscheidung von 73 % der Betriebe nicht zugunsten dieses Standorts getroffen.

3.5.3 Das Standortwahlverhalten der Fernwanderer

Nachdem gezeigt werden konnte, daß die Nahwanderer auch innerhalb geringer Entfernung in der Regel einen besser ausgestatteten Nahbereich hätten finden können, liegt es nahe, anzunehmen, daß auch für die Fernwanderer (d.h. alle Betriebe mit einer Entfernung von 20 oder mehr Kilometern zwischen altem und neuem Standort) die zurückgelegte Entfernung nicht Ergebnis der Suche nach einem Standort hohen Infrastrukturniveaus ist, sondern daß andere Faktoren die Standortentscheidung in stärkerem Maße bestimmen. Dafür spricht, daß Fernwanderer häufiger (zu 62,9 %, die Nahwanderer zu 40,8 % - vgl. Tabelle 3.10 und die parallele Tabelle 3.14 für die Fernwanderer) mit dem Standort auch den Raumtyp wechseln, und daß erheblich stärkere Ausstattungsdifferenzen zwischen altem und neuem Standort auftreten - siehe Tabelle 3.11 mit der vergleichbaren Tabelle 3.15 für die Fernwanderer; es gibt einen größeren Anteil an Betrieben, die einen deutlich "schlechteren" Nahbereich auswählen; das mittlere Niveau der neuen Standorte liegt um 23 Indexpunkte unter dem der Nahwanderer. Andererseits wählen 27 % der Betriebe einen deutlich besser ausgestatteten Nahbereich, eindeutig mehr als bei den Wanderungen über kurze Distanz. Insbesondere die größeren Betriebe zeigen im Vergleich eine klare

Tabelle 3.14: Innerhalb Nordrhein-Westfalens ferngewanderte Industriebetriebe nach Raumtypen

neue Standorte / alte Standorte	Prozent der Fernwanderer insgesamt			
	Ballung		ländliche	
	Kerngebiete	Randgebiete	Räume	insgesamt
Ballung — Kerngebiete	9,0	14,8	23,9	17,7
Ballung — Randgebiete	4,2	3,8	5,6	13,6
ländliche Räume	6,6	7,8	24,4	38,7
insgesamt	19,8	26,3	53,9	100,0

Präferenz für besser ausgestattete Nahbereiche. Die wandernden Betriebe der Bekleidungsindustrie zeigen auch - aber offenbar differenziert - einerseits eine
stärkere Präferenz für besser ausgestattete neue Standorte, andererseits bevorzugen sie gleichzeitig verstärkt "schlechtere" Standorte; von mehr als 120
Fernwanderern dieser Gruppe behielten nur etwa 12 % auch nach der Wanderung das
Ausstattungsniveau bei. Verlagerungen über 20 km Entfernung wählten zu 65,4 %
Nahbereiche als neue Standorte, die spürbar unter dem Ausstattungsniveau des
alten Standorts lagen.

Wenn für die Fernwanderer die Infrastrukturausstattung der entscheidende
Standortfaktor ist, sollte sich nachweisen lassen, daß zumindest innerhalb
der jeweilig gewanderten Distanz (im gleichen Raumtyp des tatsächlich gewählten neuen Standorts) kein Nahbereich mit noch höherem Ausstattungsgrad erreichbar war; dies trifft jedoch nur für 13,4 % der Fälle zu (s. Tabelle 3.16);
d.h., auch die Fernwanderer bevorzugen Nahbereiche, die nicht über die jeweilig
erreichbare maximale Ausstattung verfügen, auch wenn der beste erreichbare
Standort nicht der (höchsten) Indexklasse 10 angehört. Von den Betrieben,
die innerhalb der zurückgelegten Wanderungsentfernung im Raumtyp des neuen
Standorts einen maximal ausgestatteten Nahbereich hätten erreichen können,
wählen 22 % diesen als neuen Standort; von den Betrieben, deren beste erreichbare Standortalternative einer niedrigeren Indexklasse angehört, nur 13 %.
Die Inkaufnahme einer noch größeren Wanderungsentfernung hätte in der Regel

Tabelle 3.15: Das Standortwahlverhalten der Fernwanderer

(für industrielle Wanderung innerhalb Nordrhein-Westfalens)

berücksichtigte Wanderungsgruppe	Anzahl der Betriebe	Medianindexpunktwert der Ausstattung der		Anteil Betriebe in % der Wanderungsgruppe, deren neuer Standort um		
				10 % oder mehr der maximalen Ausstattungsdifferenz (a)		weniger als 10 % der maximalen Ausstattungsdifferenz (a) vom Ausstattungsniveau des alten Standorts abweicht
		alten	neuen	über	unter	
		Standorte		dem Ausstattungsniveau des alten Standorts liegt		
Fernwanderer insges.	501	72	46	27,1	56,7	16,2
darunter:						
Verlagerungen	179	80	46	24,0	65,4	10,6
Zweigbetriebe	322	68	49	28,9	51,8	19,3
Rass 3	61	70	50	..	..	.. (b)
Rass 4	90	80	51	24,4	54,4	21,2
Rass 7	62	66	64	..	..	..
Rass 9	35	81	46	..	..	..
Rass 19	123	66	42	29,2	58,6	12,2
Betr.mit weniger als 50 Besch.	245	72	46	23,7	58,3	18,0
Betr.mit 50 bis unter 100 Besch.	153	72	46	26,8	59,9	13,7
Betr.mit 100 od. mehr Besch.	103	68	56	35,9	48,5	15,3

Anmerkungen

(a) Differenz der Indexpunkte zwischen dem Nahbereich mit der niedrigsten und dem der höchsten Ausstattung; diese betrug in den Jahren vor 1960 84 Punkte, von 1960 bis 1971 90 Punkte.

(b) Nachweis nicht sinnvoll, weil die niedrige Anzahl der Fälle zu Ergebnissen führte, die durch die Wahl einer geringfügig anderen Prozentgrenze als 10 % erheblich beeinflußt wurden.

Tabelle 3.16: Die Verteilung der Fernwanderer nach dem Rangplatz des neuen Standorts für potentielle Standorte innerhalb der gewanderten Distanz

Wanderungsgruppe Fernwanderer; darunter:	Anzahl der Betriebe	Anteil gewanderter Betriebe nach dem Rangplatz des neuen Standorts					
		Rangplatz (a)					
		1	2	3	4	5	6 oder niedriger
Betriebe insges.	501	13,4	14,5	13,2	13,7	12,0	33,2
Verlagerungen	179	12,8	11,7	12,8	14,0	17,9	30,8
Zweigbetriebe	322	13,7	16,1	13,4	13,7	8,7	34,4
Rass-Gruppe 3	61	16,4	14,8	11,5	8,2	14,8	34,3
Rass-Gruppe 4	90	15,6	14,4	12,2	15,6	14,4	27,8
Rass-Gruppe 7	62	11,4	19,4	17,7	14,6	6,4	30,5
Rass-Gruppe 9	35	8,6	5,6	17,2	17,2	17,2	34,2
Rass-Gruppe 19	123	13,0	8,1	13,8	13,9	12,2	39,0
Betriebe mit weniger als 50 Beschäftigten	245	11,8	17,1	10,6	11,5	13,5	35,5
Betriebe mit 50 bis unter 100 Beschäftigten	153	11,8	11,1	15,7	15,7	13,7	32,0
Betriebe mit 100 oder mehr Beschäftigten	103	19,4	13,6	15,6	16,5	5,8	29,1

Anmerkung

(a) Der Rangplatz des neuen Standorts wurde für jeden Fernwanderer innerhalb der Gruppe von Nahbereichen ermittelt, die nicht weiter als die tatsächlich gewanderte Entfernung vom alten Standort entfernt sind und dem gleichen Raumtyp angehören wie der ausgewählte Standort.

jedoch die Möglichkeit geboten, einen besser ausgestatteten Nahbereich auszuwählen, wie aus den entsprechenden zusätzlichen Auswertungen der Tabelle 3.17
ersehen werden kann.

Auch für die Fernwanderer kann damit die These verworfen werden, daß die Infrastrukturausstattung allein als der die Wanderungsentscheidung dominierende Standortfaktor gelten kann, ebenso wie die Wanderungsentfernung nicht Ergebnis der Suche nach einem Standort mit einem möglichst hohen Ausstattungsniveau ist. Ein stärkeres Gewicht kommt daher der Untersuchung des Einflusses
anderer möglicher (nicht infrastruktureller) entscheidungsrelevanter Merkmale der Nahbereiche zu.

3.5.4 Das Standortwahlverhalten nach Errichtungsarten

Verlagerte Betriebe und neu errichtete Zweigbetriebe unterscheiden sich nach
dem typischen Ausstattungsniveau der alten und neuen Standorte erheblich
(s. Tabelle 3.9, S. 45). Verlagerte Betriebe verlassen häufiger gut ausgestattete Standorte und wählen sehr häufig (82 %) keinen besser ausgestatteten, während Zweigbetriebe Standorte deutlich niedrigeren Niveaus verlassen
und Standorte sehr bescheidenen Niveaus (Medianwert der Ausstattung nur 51 Indexpunkte) wählen. Allerdings wählen 9 % mehr Zweigbetriebe als Verlagerungen
einen besser ausgestatteten Nahbereich als neuen Standort. Dies könnte dafür
sprechen, daß mit zunehmendem Ausstattungsgrad eines Nahbereichs Standort-
nachteile außerhalb des Standortfaktors Infrastruktur wirksam werden, auf
die Betriebe häufiger mit Total- als mit Teilverlagerungen reagieren.

Es wurde bereits (in Kap. 3.4) darauf hingewiesen, daß errichtungsartspezifische Unterschiede in der Wanderungsrichtung nach Raumtypen bestehen. Daher
wurde geprüft, inwieweit die raumtypspezifische Verteilung der Infrastrukturniveaus zur Erklärung unterschiedlichen Wanderungsverhaltens heranzuziehen
ist bzw. inwieweit davon ausgegangen werden kann, daß die Auswahl eines Standorts aus den jeweils potentiellen Standorten durch dessen Ausstattungsgrad
bestimmt sein kann.

Die Unterteilung der Verlagerungen und Zweigbetriebe in Nah- und Fernwanderer
führte jedoch nicht zur Feststellung deutlich differenzierten Wanderungsverhaltens (vgl. Tabelle 3.11, S. 49 und Tabelle 3.15, S. 56). Nur 13 % der Verlagerungen bzw. 18 % der Zweigbetriebe, die sich in weniger als 20 km Entfernung vom alten Standort niedergelassen haben, bevorzugen den Nahbereich, der
innerhalb des 20-km-Radius über die beste Infrastrukturausstattung verfügt

Tabelle 3.17: Die Verteilung der Fernwanderer nach dem Rangplatz des neuen
Standorts für potentielle Standorte mit gleicher oder größ-
rer Distanz zum alten Standort

Wanderungsgruppe Fernwanderer; darunter:	Anzahl der Betriebe	Anteil gewanderter Betriebe nach dem Rangplatz des neuen Standorts Rangplatz (a)					
		1	2	3	4	5	6 oder niedriger
Betriebe insges.	501	11,2	9,4	9,6	9,7	9,7	50,4
Verlagerungen	179	10,0	8,4	9,5	8,4	9,5	54,2
Zweigbetriebe	322	11,8	9,9	9,6	10,6	9,9	48,2
Rass-Gruppe 3	61	14,8	11,5	8,2	9,8	6,6	49,1
Rass-Gruppe 4	90	12,2	13,3	7,8	8,9	8,9	48,9
Rass-Gruppe 7	62	17,7	12,9	11,3	6,4	19,4	32,3
Rass-Gruppe 9	35	8,6	11,4	8,6	8,6	5,7	57,1
Rass-Gruppe 19	123	8,1	4,1	7,3	9,8	11,4	59,3
Betriebe mit weniger als 50 Beschäftigten	245	9,4	10,2	9,8	6,5	9,8	54,3
Betriebe mit 50 bis unter 100 Beschäftigten	153	11,8	8,5	7,8	9,8	9,8	52,3
Betriebe mit 100 oder mehr Beschäftigten	103	14,6	8,7	11,7	17,5	9,7	37,8

Anmerkung

(a) Der Rangplatz des neuen Standorts wurde für jeden Fernwanderer innerhalb
der Gruppe von Nahbereichen ermittelt, die innerhalb der gleichen oder in
größerer Distanz vom alten Standort liegen und dem gleichen Raumtyp angehören wie der ausgewählte Standort.

(s. Tabelle 3.12, S. 51). Fernwanderungen werden ebenfalls von beiden Errichtungsarten nicht mit dem Ziel vorgenommen, sich in einem möglichst gut ausgestatteten Nahbereich anzusiedeln: nur ein geringer Teil der Betriebe wählt
den innerhalb der gewanderten Distanz am besten ausgestatteten Nahbereich.
Verlagerungen bevorzugen tendenziell häufiger Standorte, die weder die höheren noch die niedrigen Rangplätze aufweisen (s. Tabelle 3.15, S. 56). Dieser
Unterschied ist allerdings nur schwach ausgeprägt.

Unterschiede im Ansiedlungsverhalten zwischen Zweigbetrieben und Verlagerungen
können demnach nicht dadurch bedingt sein, daß innerhalb "akzeptabler" Distanz
und (oder) im gewünschten Raumtyp kein Nahbereich höheren Ausstattungsgrades
erreichbar gewesen wäre. Nahbereiche der unteren Indexklassen werden nicht
aus einem Mangel an besseren Alternativen ausgewählt, sondern scheinen für den
Großteil der Betriebe (insbesondere der Zweigbetriebe) die Standortanforderungen im Bereich der Infrastruktur zumindest hinreichend zu erfüllen.

3.5.5 Das Standortwahlverhalten nach Branchen

Entsprechend der in Kap. 3.4 dargestellten Überlegungen wurde nachgeprüft,
ob sich branchenspezifische Unterschiede im Standortwahlverhalten zeigen, die
darauf hindeuten, daß Branchen mit expansiver Entwicklung Standorte mit höherem Ausstattungsniveau bevorzugen, während stagnierende Industriezweige in
Nahbereiche mit geringem Ausstattungsgrad wandern. Von den 20 RASS-Gruppen weisen nur wenige eine für die Untersuchung des Wanderungsverhaltens aus statistischen Gründen für notwendig gehaltene Anzahl von mehr als 100 Wanderungsfällen auf - und zwar die Gruppen 3, 4, 7 und 19 (s. Tabelle 3.2, S. 13).

In Übersicht 3.18 findet sich eine Charakterisierung der RASS-Gruppen nach
dem Verlauf der gesamtwirtschaftlichen Entwicklung im Untersuchungszeitraum;
danach kann die RASS-Gruppe 19 (Bekleidungsindustrie) mit positivem, aber unterdurchschnittlichem Beschäftigungswachstum und unterdurchschnittlicher Aus-
gangslage und Entwicklung des Nettoproduktionsvolumens pro Beschäftigtem als
stagnierender Industriezweig bezeichnet werden; ebenfalls unterdurchschnittlich in Ausgangswert und Entwicklung des Nettoproduktionsvolumens, aber mit
überdurchschnittlichen Zuwachsraten an Beschäftigten waren die Gruppe 4 (Me-
tall-, Maschinen- und Landfahrzeugbau) und 7 (Elektrotechnische Industrie);
die RASS-Gruppe 3 (EBM-, Schmuckwaren) war gekennzeichnet durch ein niedriges
Ausgangsniveau, aber überdurchschnittliche Entwicklung des Nettoproduktionsvolumens und positive, aber unterdurchschnittliche Beschäftigtenentwicklung.

Übersicht 3.18: Kennzeichnung der RASS-Industriegruppen nach Wachstumskriterien: Vergleich zur Gesamtentwicklung der Industrie der Bundesrepublik Deutschland 1958 - 1971[1])

RASS Industriegruppe	Nettoproduktionsvolumen je Beschäftigtem (a)	Beschäftigten- wachstum (b)
RASS 1	1	3
RASS 2	2	2
RASS 3	3	2
RASS 4	4	1
RASS 5	4	3
RASS 6	3	1
RASS 7	4	1
RASS 8	4	2
RASS 9	1	1
RASS 10	3	3
RASS 11	4	1
RASS 12	2	1
RASS 13	4	3
RASS 14	4	1
RASS 15	3	3
RASS 16	4	3
RASS 17	2	2
RASS 18	1	3
RASS 19	4	2
RASS 20	4	3

(a) Niveau und Wachstum des Nettoproduktionsvolumens (NPV) je Beschäftigtem
   - Durchschnittliches NPV (Gesamtindustrie 1958 je Beschäftigtem
     in Preisen von 1962)   DM 16.172
   - Änderung des NPV in Gesamtindustrie 1958 - 1971   192,3 %

Wachstumsgruppe 1 - NPV 1958 überdurchschnittlich,
                    Wachstum 1958-71 überdurchschnittlich
Wachstumsgruppe 2 - NPV 1958 überdurchschnittlich,
                    Wachstum 1958-71 unterdurchschnittlich
Wachstumsgruppe 3 - NPV 1958 unterdurchschnittlich,
                    Wachstum 1958-71 überdurchschnittlich
Wachstumsgruppe 4 - NPV 1958 unterdurchschnittlich,
                    Wachstum 1958-71 unterdurchschnittlich.
(b) Beschäftigtenwachstum
    Durchschnittliches Beschäftigtenwachstum der Industrie 1958-71   110,4 %

Wachstumsgruppe 1 - Beschäftigtenwachstum größer als 110,4 %
Wachstumsgruppe 2 - Beschäftigtenwachstum positiv aber kleiner
                    als 110,4 %
Wachstumsgruppe 3 - Beschäftigtenwachstum negativ.

---
[1]) Übernommen aus: Spanger, U,; Treuner, P.: Standortwahl..., a.a.O., S. 82.

Als am stärksten expandierend sowohl in bezug auf das Nettoproduktionsvolumen als auch die Beschäftigtenentwicklung ist die RASS-Gruppe 9 (Chemische und kunststoffverarbeitende Industrie) anzusehen. Diese Gruppe wurde ebenfalls in der Untersuchung berücksichtigt, um möglicherweise Hinweise darauf zu erhalten, ob die wirtschaftliche Entwicklung einer Branche deren Standortverhalten beeinflußt.

Mit Ausnahme der Bekleidungsindustrie unterscheidet sich das mittlere infrastrukturelle Niveau der neuen Standorte der gewanderten Betriebe der betrachteten Industriezweige mit 64 bis 68 Indexpunkten nicht deutlich, stärker sind die Differenzen beim Ausgangsniveau der Wanderung; die RASS-Gruppen 4 (Metall-, Maschinen-, Landfahrzeugbau) und 9 (Chemie und Kunststoffverarbeitung), aber auch 7 (Elektrotechnik) wandern aus Nahbereichen besserer Infrastrukturqualität ab, die Bekleidungsbetriebe stammen häufiger aus Nahbereichen geringeren Ausstattungsgrades; diese Betriebe unterscheiden sich in der durchschnittlichen Ausstattung der alten und insbesondere der neuen Standorte deutlich von den anderen vier Gruppen (s. Tabelle 3.9, S. 45).

Da das Niveau der aufgegebenen Standorte der Bekleidungsbetriebe relativ niedrig liegt, wäre zu erwarten, daß ein größerer Anteil der Betriebe mit dem Standortwechsel eine Verbesserung des Zugangs zu Infrastruktureinrichtungen erzielt, wenn die mobilen Betriebe dieser insgesamt stagnierenden Branche eine positive wirtschaftliche Entwicklung aufweisen; jedoch ist der Anteil an Betrieben, die einen besseren Standort wählen, geringer als in den RASS-Gruppen 3 (EBM-Waren) und 7 (Elektrotechnik), deren alte Standorte im Schnitt deutlich höhere infrastrukturelle Indexwerte aufweisen. Dies stärkt die Vermutung, daß Betriebe wirtschaftlich unterdurchschnittlich entwickelnder Branchen zumindest teilweise in Standorte geringen Ausstattungsniveaus verdrängt werden.

Die Betriebe der EBM-Warenindustrie zeigen den höchsten Anteil an Betrieben, die einen deutlich besseren Standort auswählen, ebenso wie den niedrigsten Anteil an Wanderungen in geringer ausgestattete Standorte. Hier zeigt sich ein im Vergleich zur Bekleidungsindustrie gegenteiliger Trend des Standortwahlverhaltens.

Die Betriebe der wirtschaftlich expansivsten RASS-Gruppe 9 (Chemie und Kunststoffverarbeitung) wählen relativ selten einen Nahbereich mit einem Ausstattungsgrad, der über dem des alten Standorts liegt,seltener als Betriebe der RASS-Gruppen 3 und 4, die von einem ähnlichen Infrastrukturniveau ausgehen.

Betrachtet man das Verhalten der Nah- und Fernwanderer der ausgewählten Industriegruppen daraufhin, wie die Bestimmung des neuen Standorts aus den jeweiligen potentiellen Standorten vorgenommen wird, so lassen sich keinerlei
Hinweise darauf finden, daß es branchenspezifische Verhaltensweisen gibt. Da
die einzelnen Gruppen teilweise nur geringe Wanderungshäufigkeiten aufweisen,
sind die geringen Abweichungen in den ermittelten Anteilen nach dem Rangplatz
des neuen Standorts kaum aussagekräftig (s. Tabelle 3.12, S. 51 und Tabelle
3.16, S. 57).

Auch eine nach RASS-Gruppen differenzierte Auswertung ergibt somit keine Hinweise, daß die räumliche Verteilung von Ausstattungsniveaus von Einfluß für
die Standortwahl ist. Unterschiede im Ausstattungsniveau der neuen Standorte
zwischen den RASS-Gruppen 3, 4, 7 und 9 einerseits und der Gruppe 19 andererseits scheinen dadurch bedingt zu sein, daß die Betriebe der Bekleidungsindustrie ihre Standortanforderungen in Nahbereichen mit niedrigem Ausstattungsgrad erfüllen können oder erfüllen müssen, weil die Verfügbarkeit und (oder)
die Preise von anderen Standortfaktoren wie z. B. Betriebsfläche oder Arbeitskräfte in geringer ausgestatteten Nahbereichen günstiger eingeschätzt werden.

3.5.6 Das Standortwahlverhalten nach Betriebsgrößen

Für die Untersuchung des Wanderungsverhaltens nach Betriebsgrößen wurden Betriebe mit weniger als 50 Beschäftigten, mit 50 bis unter 100 und mit 100
oder mehr Beschäftigten in jeweils einer Gruppe zusammengefaßt. Dabei ist zu
beachten, daß die Angaben zu den Beschäftigtenzahlen, die für das Ende des Ansiedlungsjahres gelten, in der Regel nicht bei der Ansiedlung angestrebte
Betriebsgrößen, sondern vielfach nur ein Zwischenstadium im Aufbau der Betriebe abbilden.

Die mittleren Ausgangs- und Zielausstattungsgrade zeigen keine deutlichen be-
triebsgrößenspezifischen Unterschiede, jedoch wandern Betriebe mit 100 oder
mehr Beschäftigten tendenziell häufiger in einen Standort, dessen Infrastrukturausstattung besser ist als die des aufgegebenen Standorts (s. Tabelle 3.9,
S. 45).

Auch die Betriebe, die einen nahegelegenen Standort auswählen, zeigen kaum be-
triebsgrößenspezifische Unterschiede im Verhalten hinsichtlich der Infrastrukturausstattung. Betriebe der obersten Größenklasse, die über mehr als 20 km
Distanz wandern, gehen zu einem deutlich höheren Anteil in Nahbereiche eines
höheren infrastrukturellen Niveaus als es der aufgegebene Nahbereich aufwies
(s. Tabelle 3.15, S. 56).

Wie bei der Untersuchung des Einflusses der Branchenzugehörigkeit läßt sich auch für die Unterteilung der Betriebe nach der Beschäftigtenzahl kaum ein grundsätzlicher Verhaltensunterschied bei der Auswahl des neuen Standortes aus den potentiellen Standorten feststellen, außer einer Tendenz, daß mit zunehmender Betriebsgröße und mit zunehmender Wanderungsentfernung häufiger neue Standorte ausgewählt werden, die ein besseres Ausstattungsniveau als der alte Standort aufweisen, und daß häufiger Standorte mit dem ersten infrastrukturellen Rangplatz unter den potentiellen Standorten ausgewählt werden.

3.6 Schlußfolgerungen

Nachdem gezeigt werden konnte, daß Betriebe nur in wenigen Fällen den Standort auswählen, der innerhalb einer als zumutbar empfundenen Wanderungsdistanz und bei der Berücksichtigung von Nebenbedingungen, wie sie durch die Zugehörigkeit der Standorte zu einem Raumtyp ansatzweise ausgedrückt wurden, den höchsten Ausstattungsgrad aufweist, kann nicht erwartet werden, daß Infrastrukturmaßnahmen eine allein entscheidende Bedeutung haben können für die Beeinflussung räumlicher Mobilität von Betrieben zugunsten förderungsbedürftiger Gebiete. Sehr signifikant ist erstens die Tatsache, daß selbst bei Wanderungen innerhalb des ländlichen Raumes bessere Infrastrukturausstattung nicht deutlich bevorzugt wurde, obwohl auch innerhalb der gewanderten Entfernung gut bzw. besser als die ausgewählten ausgestattete Nahbereiche lagen. Zweitens liegt wegen des ausgeprägten Mobilitätsverhaltens der Bekleidungsindustrie die Vermutung nahe, daß Betriebe wirtschaftlich schwach entwickelter Branchen zumindest teilweise in Standorte geringen Ausstattungsniveaus verdrängt werden. Mit der möglichen Ausnahme eines (kurzfristigen) Beschäftigungseffektes wirkt dies nicht zum Vorteil bzw. auch nicht zur strukturellen Verbesserung förderungsbedürftiger - überwiegend ländlicher - Räume. Drittens konnte - mit Ausnahme einer deutlichen Präferenz größerer Betriebe für zunehmend bessere Infrastrukturausstattung mit zunehmender Wanderungsentfernung - kaum differenziertes Wanderungsverhalten nach Errichtungsart, Branchenzugehörigkeit (mit Ausnahme der Bekleidungsbranche) oder Betriebsgröße festgestellt werden. Es scheint, daß einerseits Anforderungen an die Infrastrukturausstattung für einen großen Teil der Betriebe nur eine untergeordnete Rolle bei der Standortentscheidung spielen, vielleicht, weil auch Nahbereiche mit geringem Ausstattungsgrad diese Anforderungen hinreichend erfüllen. Andererseits kann vermutet werden, daß Standortbedingungen, die außerhalb des Bereichs der Infrastruktur liegen und durch diese nicht substituierbar sind, in Standorten mit hohem Ausstattungsgrad negativ beurteilt werden.

Aber auch wenn der statistische Einfluß der vom Ballungskern zum Ballungsrand stattfindenden Bewegung - 25 % aller Nahwanderer fallen in diese Kategorie - berücksichtigt wird, die auf negative Agglomerationseffekte zurückgeführt werden könnte, läßt sich nicht statistisch begründet aussagen, daß das Infrastrukturniveau entscheidende Bedeutung für die Wahl des neuen Standortes hat. Solches Verhalten könnte aber landesspezifisch sein, da die Verkehrseinrichtungen Nordrhein-Westfalens, auf denen die Quantifizierung

der "Infrastruktur" - regressionsanalytisch begründet - basieren, im Vergleich
zur übrigen Bundesrepublik von sehr hoher "Dichte" und Qualität sind.

Die Untersuchung der daraus resultierenden Frage, inwieweit die Bedeutung
der Infrastrukturausstattung für die Standortwahl von anderen Faktoren
überlagert wird, ist Anliegen des zweiten Teils dieser Arbeit, in dem nachgeprüft wird, ob sich im Bereich der wirtschaftsstrukturellen Merkmale der
Nahbereiche Determinanten der regionalen Mobilität von Industriebetrieben
bestimmen lassen.

4. Die Untersuchung des Einflusses wirtschaftsstruktureller Merkmale der Nahbereiche auf das Wanderungsverhalten

4.1 Überblick über die Untersuchung

Die Ergebnisse des vorangegangenen Teils der Forschungsarbeit zeigen, daß die Infrastrukturausstattung nicht als einzige erklärende Variable des Ansiedlungsverhaltens von Industriebetrieben gelten kann. Im folgenden soll deshalb nachgeprüft werden, inwieweit regionale Differenzierungen der Wirtschaftsstruktur Einfluß auf das Standortwahlverhalten ausüben. Dabei wird der Begriff "Wirtschaftsstruktur" nicht in Hinsicht auf Liefer- oder Absatzverflechtungen als möglichen Entscheidungsdeterminanten operationalisiert, sondern in einer Weise, die geeignet erscheint, Hinweise in Bezug auf die standortspezifischen Beschaffungsmöglichkeiten von Arbeitskräften zu geben - welche Bedeutung mobile Betriebe diesem Standortfaktor beimessen, wurde in Kap. 2 bereits erläutert. Annahme für die Durchführung des ausgewählten Untersuchungsansatzes ist, daß sich das Standortverhalten der mobilen Betriebe nachweisbar an dem Kriterium "Arbeitskräfte" orientiert. Es wird nicht vorausgesetzt, daß die Entscheidungsdeterminanten, die zur Aufgabe des alten Standorts führen, arbeitskräfteorientiert sind; dagegen wird angenommen, daß ein Betrieb auf arbeitsmarktbedingte Standortvorteile auch dann reagiert, wenn die Arbeitsmarktlage am alten Standort nicht der auslösende Faktor der Wanderung ist.

Das Anliegen dieses Teils der Untersuchung ist es, Typen von Standorten zu bestimmen, die die Ansprüche der Betriebe an den Arbeitsmarkt in besonderem Maße erfüllen können und nachzuprüfen, inwieweit das Wanderungsverhalten von Betrieben Präferenzen zugunsten derjenigen Nahbereiche aufweist, die über eine in diesem Sinne günstige Arbeitsmarktstruktur verfügen. Die Feststellung der "Eignung" von Nahbereichen als neue Standorte wurde von folgenden Überlegungen bestimmt: Die Verfügbarkeit von Arbeitskräften für einen standortsuchenden Betrieb ergibt sich nicht nur daraus, wie viele Arbeitskräfte (ob "frei" oder bereits in einem Betrieb tätig) in einem Standort zur Verfügung stehen; ebenfalls von Bedeutung ist die (vermutete) Bereitschaft von Arbeitnehmern, eine Beschäftigung im mobilen Betrieb anzunehmen: es wird angenommen, daß Arbeitskräfte den Arbeitsplatz wählen, der ihnen als die "bestgeeignete" zur Verfügung stehende Möglichkeit erscheint, ihre Ansprüche an den Arbeitsplatz zu realisieren; wenn die neu angebotenen (zugewanderten) Arbeitsplätze nicht zufriedenstellend erscheinen, nehmen die Ar-

beitskräfte diese Arbeitsplätze nicht an und bleiben (zunächst) am bisherigen
Arbeitsplatz bzw. ohne Beschäftigung.

Da ein Betrieb in der Regel keine lokale oder regionale Monopolstellung in
der Nachfrage nach Arbeitsplätzen einnimmt, ergibt sich seine "Attraktivität"
für die Arbeitskräfte und damit die Wahrscheinlichkeit, Beschäftigte für sich
mobilisieren zu können, nicht nur aus den Bedingungen, die mit den Arbeitsplätzen, die dieser selbst anbietet, verknüpft sind; ebenso wichtig ist, in
welcher Weise andere Betriebe am Standort ihre Nachfrage nach Arbeitskräften
zu decken versuchen. Die Wahrscheinlichkeit der Arbeitsaufnahme in einem zuwandernden Betrieb ist umso größer - so ist die Annahme -, je "besser" die
Beschäftigungsmöglichkeiten im zuwandernden Betrieb im Vergleich zu denen der
ansässigen Unternehmen von den Arbeitskräften beurteilt werden, bzw. je weniger Beschäftigungsalternativen in einem Standort vorhanden sind, die als
"besser" gelten. Die Grundannahme lautet daher, daß Betriebe (wenn nicht explizit, so doch immerhin implizit) einen Standort auswählen, von dem angenommen werden kann, daß sie dort eine günstige Position gegenüber den Konkurrenten in der Nachfrage nach Arbeitskräften einnehmen.

Die Bestimmung dieser (nahbereichs- und betriebsspezifischen) Position, die
in dieser Untersuchung zur Erklärung des Ansiedlungsverhaltens herangezogen
werden soll, erfordert die Festlegung von Kriterien, die Hinweise auf die
Attraktivität zuwandernder Betriebe im Vergleich zu den in Standorten ansässigen Unternehmen aus der Sicht der Beschäftigten geben, und die den standortsuchenden Betrieben erlauben, zumindest implizit abzuschätzen, inwieweit
das in den Standorten vorhandene Arbeitskräftepotential den Betriebserfordernissen entsprechen kann. Weiterhin ist die vermutete Mobilitätsbereitschaft
der Arbeitnehmer als Kriterium von Wichtigkeit - möglicherweise sind die
Arbeitnehmer uninformiert über das Angebot an Arbeitsplätzen bzw. zeigen
Tendenzen der Beharrung am derzeitigen Arbeitsplatz; dies kann dazu führen,
daß neu errichtete Beschäftigungsalternativen selbst dann nicht angenommen
werden, wenn sie günstigere Bedingungen bieten als die Arbeitsplätze der ansässigen Betriebe.

Die zwischen den festzulegenden Kriterien bestehenden Zusammenhänge und
Wechselwirkungen sind bei der Entwicklung der nachzuprüfenden Thesen zu berücksichtigen. Das Schwergewicht der Arbeit liegt in der Untersuchung des
Einflusses der nahbereichsspezifischen Niveaus der Arbeitsplatzqualität auf
das Wanderungsverhalten, während den Aspekten des Umfangs des Arbeitskräfte-

potentials und der Bereitschaft der Arbeitnehmer zum Wechsel bzw. zur Aufnahme einer Beschäftigung eine mehr "begleitende" Funktion zukommt; das ist weniger inhaltlich als vielmehr durch Restriktionen bei der Datenbeschaffung bedingt.

Will man aus den dargestellten Überlegungen Thesen entwickeln und prüfen, so stellt sich das Problem der Auswahl und Quantifizierung von Merkmalen, die geeignet sind, die Ansiedlungsgunst von Nahbereichen für wandernde Betriebe zu beschreiben. In dieser Untersuchung konnte lediglich auf Daten der amtlichen Statistik zurückgegriffen werden. Das Kap. 4.2 beschreibt den Auswahl- und Aufbereitungsprozeß der herangezogenen Daten.

Mit Hilfe ausgewählter Indikatoren zur branchenspezifischen Arbeitsplatzqualität und Daten zur Branchenstruktur der Nahbereiche ist es möglich, standortspezifische Niveaus von Arbeitsplatzqualität zu bestimmen, wobei verschiedene Definitionen von Arbeitsplatzqualität zur Anwendung kommen.

Zur Prüfung der Thesen (dargestellt in Kap. 4.3) werden Verteilungen berechnet, die einmal für sämtliche Ansiedlungsmöglichkeiten, zum anderen für die neuen bzw. alten Standorte aller oder einer Gruppe von Betrieben den Anteil der Beschäftigten in Branchen mit einem bestimmten Mindest-Qualitätsniveau aufzeigen. Diese Verteilungen werden miteinander verglichen und zur Hypothesenprüfung herangezogen. Läßt sich nicht feststellen, daß Nahbereiche mit relativ hoher Ansiedlungsgunst, d.h. mit einem möglichst geringen Beschäftigtenanteil in Branchen hoher Arbeitsplatzqualität, mehr Zuwanderungen auf sich ziehen, als ihrem Anteil an den Nahbereichen insgesamt entspricht, können regionale Differenzierungen der Arbeitsmarktstruktur, wie sie in dieser Untersuchung beschrieben werden, zunächst nicht als ansiedlungsbestimmender Faktor gelten, wohl aber eventuell bei einer komplizierteren mehrdimensionalen Betrachtung, z.B. in Zusammenhang mit der Infrastrukturausstattung.

Die Erwartung, daß die Ansiedlungsmöglichkeiten mit den jeweils niedrigsten Anteilen an Arbeitsplätzen hoher Qualität den größten Teil der Ansiedlungen auf sich ziehen, wäre nur unter den unrealistischen Annahmen zulässig, daß

- lediglich der Faktor Arbeitskräfte die Standortwahl bestimmt, andere Standortbedingungen, wie z.B. die Infrastrukturausstattung oder Grundstückspreise, mögliche Nachteile in bezug auf die Beschaffung von Arbeitskräften nicht ausgleichen können,
- den Entscheidungsträgern der Standortwahl in allen wandernden Betrieben vergleichbare Informationen zur Verfügung stehen und von ihnen in gleicher

Weise genutzt werden, wie sie im Rahmen dieser Untersuchung aufbereitet
und verarbeitet worden sind,
- der Entscheidungsprozeß darauf angelegt ist, den bestgeeigneten Standort
  zu ermitteln. Es ist jedoch anzunehmen, daß in der Regel die Entscheidung
  zugunsten eines hinreichend geeigneten getroffen wird.[1]

Aus diesen Überlegungen heraus werden die Merkmale der neuen Standorte nicht
nur mit denen der Gesamtheit aller Ansiedlungsmöglichkeiten und mit denen
derjenigen Nahbereiche verglichen, die wegen der von ihren bereits vorhandenen Beschäftigten möglicherweise ausgehenden Agglomerationswirkungen als
"potentielle Standorte" bezeichnet werden, sondern auch mit den Merkmalen
der bisherigen Standorte. Zeigt sich, daß die neuen Standorte gegenüber den
alten Standorten keine Beschäftigungsstruktur aufweisen, die auf eine an-
siedlungsfreundlichere Arbeitsmarktlage hindeutet, kann nicht angenommen werden, daß Gesichtspunkte der Arbeitskräftebeschaffung im Entscheidungsprozeß
der Standortwahl berücksichtigt werden, wie sie in dieser Untersuchung als
relevant postuliert werden.

Es ist nicht Ziel der Untersuchung, Ansiedlungswahrscheinlichkeiten für Nah-
bereichstypen unterschiedlicher Standortgunst numerisch festzulegen - dafür
sind das verwendete Datenmaterial und das methodische Instrumentarium nicht ausreichend. Erfahrungen, die nicht nur bei dieser Arbeit gewonnen wurden, führten dazu, die Quantifizierung von Ansiedlungswahrscheinlichkeiten für wenig
erfolgversprechend zu halten. Anliegen dieser Arbeit ist es, zunächst Tendenzen aufzuzeigen und statistisch abzusichern, die das Standortwahlverhalten
charakterisieren und die möglicherweise eine eingehendere Beschäftigung mit
dem Themenkomplex wünschenswert erscheinen lassen.

Wie im vorangegangenen Teil der Untersuchung wird - soweit wie möglich - die
Untersuchung nicht nur für die Betriebe insgesamt, sondern auch für einzelne
Gruppen (definiert nach der Errichtungsart, Branchenzugehörigkeit, Betriebsgröße, Wanderungsdistanz und dem Qualitätsniveau der Arbeitsplätze) durchgeführt, um festzustellen, ob bzw. inwieweit betriebsgruppenspezifische Standortanforderungen Unterschiede im Wanderungsverhalten zur Folge haben.

Die entwickelte Beschreibung der regionalen Differenzierung von Beschäftigungsstrukturen, ausgedrückt in nahbereichsspezifischen "Konkurrenzindizes",
entspricht in Hinsicht auf die Qualität der Arbeitsplätze sowohl mikroökono-
mischer Betrachtungsweise, d.h. in diesem Zusammenhang der Sicht der Beschäftigten oder der standortsuchender Betriebe, als auch makroökonomischer Sicht
in Hinsicht auf regionalpolitisch relevante Merkmale bzw. deren regionale

---

[1] Vgl. Fürst, D.; Zimmermann, H.: Standortwahl ... a.a.O., S. 57 f.

Differenzierung. Diese Vorgehensweise erlaubt nicht nur, nachzuprüfen, ob
sich das einzelbetriebliche Standortwahlverhalten an den ausgewählten Merkmalen, die Standortbedingungen in den oben angesprochenen Bereichen bestimmen, in erwarteter Weise orientiert. Sie ermöglicht zugleich Aussagen darüber, inwieweit das Entscheidungsverhalten der Betriebe regionalpolitischen
Zielen entspricht.

Läßt sich die - hier zunächst nur sehr allgemein formulierte - These, daß Betriebe Standorte bevorzugen, in denen (unter Umständen relativ zum wandernden Betrieb
gesehen) überproportional viele Arbeitsplätze in den ansässigen Betrieben
von gering bewerteter Qualität sind (wobei diese Qualität relativ zu der Arbeitsplatzqualität der wandernden Betriebe bestimmt wird), nicht wiederlegen,
so ergibt sich möglicherweise folgende Konsequenz: Da die Anzahl der Alternativen bei der Auswahl eines Standortes mit zunehmender Arbeitsplatzqualität
eines wandernden Betriebes steigt, führen unter Umständen Standortfaktoren
außerhalb des Bereiches des Arbeitsmarktes dazu, daß Betriebe "guter" Arbeitsplatzqualität nicht die aus der Sicht der Regionalpolitik struktur-
schwachen Gebiete, sondern von der Arbeitsplatzqualität her gesehen günstiger strukturierte Nahbereiche weiter aufwerten, während Betriebe mit geringer Arbeitsplatzqualität strukturschwache Standorte auswählen. In diesen Fällen würde die industrielle Mobilität nicht in einer dem regionalpolitischen
Zielsystem entsprechenden Weise wirken, sondern einer Stabilisierung, wenn
nicht einer Verstärkung bestehender qualitativer Disparitäten im Bereich
der industriellen Beschäftigung dienen.

4.2 Die Auswahl und Aufbereitung der Daten

In Kap. 4.1 wurde dargestellt, welche Determinanten als entscheidend für die arbeitsmarktorientierte Ansiedlungsgunst von Standorten für zuwandernde Betriebe im Rahmen dieser Untersuchung gelten sollen. Dies sind an erster Stelle das Qualitätsniveau der Arbeitsplätze (in den in den Nahbereichen ansässigen Betrieben im Vergleich zu den Arbeitsplätzen der wandernden Betriebe), aber auch die Mobilitätsbereitschaft der Arbeitnehmer zugunsten neu errichteter Betriebe und das Vorhandensein eines geeigneten Arbeitskräftepotentials. Es wird in diesem Kapitel die Auswahl und Quantifizierung von Merkmalen dargestellt, die Aussagen in diesen Bereichen zu standortspezifischen Arbeitsmarktsituationen ermöglichen.

4.2.1 Die Qualität von Arbeitsplätzen

4.2.1.1 Die Bestimmung der Merkmale

Will man aus beschäftigtenorientierter Sicht die Attraktivität von Arbeitsplätzen ermitteln, so ist zunächst zu fragen, welche Kriterien Arbeitnehmer bei der Beurteilung von Arbeitsplätzen anwenden. Die Ergebnisse einer Repräsentativumfrage von INFAS[1] zeigen, daß die Verdienstmöglichkeiten von mehr als der Hälfte der befragten Arbeitnehmer (53 %), angenehme Arbeitsplatzbedingungen von 45 % und eine interessante, abwechslungsreiche Arbeit sowie gute Zusammenarbeit mit Kollegen von jeweils einem Drittel der Antwortenden als wichtige Kriterien bei der Beurteilung des Arbeitsplatzes, den ein Beschäftigter innehat, genannt werden. Für weniger als ein Viertel der Befragten (23 % bzw. 22 %) sind Aufstiegsmöglichkeiten bzw. die Sicherheit vor Entlassungen ein Maßstab der Beurteilung, während Arbeitszeitregelungen, Unfallschutz, das Verhältnis zu den Vorgesetzten und Mitbestimmungsmöglichkeiten noch nicht einmal von jedem fünften Befragten als relevante Kriterien genannt werden.

Die Bewertung von Beschäftigungsalternativen bei der Entscheidung über die Aufnahme eines Arbeitsverhältnisses muß jedoch notwendigerweise einige dieser oben angeführten Faktoren außer acht lassen; Gesichtspunkte des Betriebsklimas (z.B. Arbeitsplatzbedingungen, Beziehungen zu Kollegen) dürften da-

---

[1] Betz, G.: Qualität des Arbeitslebens, in: Arbeits- und sozialpolitische Mitteilungen des Bundesministeriums für Arbeit und Sozialordnung, 8-9/1974, S. 284 ff; 10-11/1974, S. 344 ff. Die erwähnten Ergebnisse sind entnommen den Mitteilungen 10-11/1974, S. 344.

bei in der Regel zwar als "push"-Faktor, der zur eventuellen Aufgabe eines Beschäftigungsverhältnisses führt, aber nicht als "pull"-Variable, die die
Attraktivität einer neuen, noch unbekannten Beschäftigungsalternative mitbestimmt, gelten, da der stellungssuchende bzw. -wechselnde Arbeitnehmer darüber
keine seine persönliche Situation betreffenden Kenntnisse oder nur Informationen aus zweiter Hand über seinen möglichen neuen Arbeitsplatz haben dürfte.
Lediglich der zu erwartende Verdienst und die Art der auszuübenden Tätigkeit
und des Beschäftigungsverhältnisses als Lohn- oder Gehaltsempfänger kann vor
der Arbeitsaufnahme als relativ genau bekannt vorausgesetzt werden.

Über die Aufstiegsmöglichkeiten oder die Dauerhaftigkeit des Arbeitsverhältnisses können nur Vermutungen bestehen bei der Beurteilung von Beschäftigungsmöglichkeiten in einem Betrieb, über dessen bisherige Entwicklung als
Hinweis auf die zu erwartenden Beschäftigungsbedingungen die Arbeitskräfte in
der Regel keine genauen Kenntnisse haben dürften. Vermutungen über die Qualität der angebotenen Arbeitsplätze nach diesen beiden Aspekten dürften deshalb hauptsächlich vor dem Hintergrund der Branchenzugehörigkeit des beur-
teilten Betriebs angestellt werden.

Im Rahmen dieser Untersuchung wurde die Datensammlung zur Qualitätsbestim-
mung von Arbeitsplätzen auf den industriellen Sektor beschränkt, wenn auch
nicht verkannt wird, daß auch nichtindustrielle Betriebe als Konkurrenten auf
dem Arbeitsmarkt die Ansiedlungsgunst der Standorte mitbestimmen.

Aus den verfügbaren Unterlagen der amtlichen Statistik waren daher Daten auszuwählen, die die Berechnung von Merkmalen bzw. deren Ausprägung zu den genannten Aspekten der Arbeitsplatzqualität (Sicherheit, Verdienste und Quali-
fikation) ermöglichen. Diese Merkmale sollten jeweils im Branchendurchschnitt
des Landes Nordrhein-Westfalen nach der vierstelligen Systematik der Industrieberichterstattung, wie sie eine schon verfügbare Datei zur Industriestruktur
der Nahbereiche[1] enthielt, errechnet werden, da eine nahbereichsweise regio-
nalisierte Bestimmung solcher Merkmale - soweit Daten überhaupt zugänglich
gewesen wären - nur mit einem im Rahmen der Untersuchung nicht realisierba-
ren Arbeitsaufwand hätte ermittelt werden können. Dabei bleibt unbekannt,
in welchem Ausmaß brancheninterne - und möglicherweise regional differenzierte - Unterschiede in den Merkmalsausprägungen zwischen Betrieben bestehen.

---

[1] Diese Datei enthielt die Beschäftigtenzahlen nach Branchen 1958 - 1971 und
war bereits im Zuge anderer Forschungsarbeiten des Instituts vom Landesamt
für Datenverarbeitung und Statistik Nordrhein-Westfalen erstellt worden.

Eine mit Hilfe ausgewählter Merkmale für Nordrhein-Westfalen im Branchendurchschnitt quantifizierbare "Arbeitsplatzqualität" ist deshalb lediglich
ein Näherungswert unter der hier nicht nachgeprüften Annahme, daß die Industriezweige in sich hinreichend homogen im Hinblick auf die Merkmale sind,
d.h., daß die brancheninternen Unterschiede - auch regional gesehen - insgesamt geringer sind als die zwischen den einzelnen Industriezweigen.

Nach einer Untersuchung des DIW[1] bestehen auch innerhalb der Branchen regionale Differenzierungen von Lohn- und Gehaltssätzen: in ländlichen Räumen
liegen diese niedriger als in Ballungsgebieten. Diese brancheninternen regionalen Streuungen bleiben jedoch im Rahmen dieser Untersuchung unberück-
sichtigt. Ihre Einbeziehung hätte wahrscheinlich zur Folge gehabt, daß die
Differenzierung für zuwandernde Industriebetriebe ein breiteres Spektrum umfaßt hätte, als es nach den in dieser Untersuchung verwendeten landes- und
branchendurchschnittlichen Ausprägungen von ausgewählten Merkmalen, zu denen
auch die Löhne und Gehälter gehören, der Fall ist.

Weitgehend kompatibel mit der angesprochenen Datei zur Industriestruktur der
Nahbereiche in Hinsicht auf die verwendete Systematik der Industriezweige
sind die im Rahmen der "Ergebniskartei zum Industriebericht" auf Landesebe-
ne bereitgestellten Daten zur Beschäftigungsstruktur der Branchen[2]. Diese
umfassen, für jedes Jahr des Untersuchungszeitraums von 1958 bis 1971 jeweils
monatlich erfaßt,
- die Anzahl der Beschäftigten, aufgegliedert nach der Anzahl der Arbeiter
  und Angestellten bzw. Inhaber
- die geleisteten Arbeiterstunden
- die Lohnsummen
- die Gehaltssummen.

---

[1] Regionale Lohn- und Gehaltsunterschiede in der Bundesrepublik Deutschland,
in: Deutsches Institut für Wirtschaftsforschung, Wochenbericht 31/1973 (o.V.).

[2] Es zeigte sich im Zuge der Datenaufbereitung, daß die erwartete vollständige
Kompatibilität der Verschlüsselung der Zuordnung von Betrieben zu Industriezweigen nicht gegeben war; nach zusätzlichen Recherchen gelang es, sämtliche
in der Datei zur Industriestruktur der Nahbereiche enthaltenen Industriezweige bis auf eine Branche mit ca. 150 Beschäftigten einem Industriezweig der
Ergebniskartei zuzuordnen. Diese 150 Beschäftigten werden infolgedessen als
nicht existent in den Nahbereichen angenommen, da keine Daten zu den Indikatoren der Arbeitsplatzqualität in der Ergebniskartei ermittelt werden konnten
bzw. nicht bekannt war, unter welchem Industriezweig sie in der Ergebniskartei
subsumiert waren. Denkbar ist auch, daß der unterschiedliche Berichtskreis
der Statistiken dazu führte, daß diese Betriebe bzw. Beschäftigten zwar in
der Totalerhebung erschienen, die die Grundlage der Datei zur Industriestruktur der Nahbereiche ist, nicht aber zu den Betrieben mit 10 oder mehr Beschäftigten gehörten, die in die Ergebniskartei aufgenommen wurden.

Daraus wurden branchenweise für jedes Jahr des Untersuchungszeitraumes folgende
vier Merkmale berechnet:

- die Schwankungen der Beschäftigtenzahlen innerhalb eines Jahres zwischen dem
  Monat mit der geringsten und höchsten Beschäftigtenzahl, ausgedrückt in Prozent der Beschäftigtenzahl des Monats mit der höchsten Beschäftigtenzahl,
- die Anteile der Arbeiter an den Beschäftigten insgesamt im Jahresdurchschnitt,
- die Stundenlöhne im Jahresdurchschnitt,
- die jahresdurchschnittlichen Monatseinkommen der Angestellten und Unternehmens-
  inhaber.

Damit war der Merkmalsbereich "Verdienste" mit der Höhe der Löhne und der Höhe
der Gehälter als Indikatoren besetzt, wenn auch sonstige im weitesten Sinne
finanzielle Leistungen nicht berücksichtigt werden konnten.

Die jährlichen Schwankungen der Beschäftigtenzahlen decken zumindest ansatzweise den Aspekt der kurzfristigen Sicherheit der Arbeitsplätze ab.[1] Ursprünglich war geplant, die längerfristige Entwicklung der Beschäftigtenzahlen ebenfalls zu berücksichtigen; im Laufe der Datenaufbereitung zeigte sich jedoch,
daß aufgrund von Änderungen im Modus der Zuordnung von Betrieben bzw. Beschäftigten zu den Industriezweigen, die nicht in jedem Falle nachvollzogen werden
konnten, für einige Industriezweige eine Verfälschung der Veränderungsraten
eingetreten wäre.

Der Anteil der Arbeiter an den Beschäftigten insgesamt wurde als Indikator
zur Qualifikationsstruktur der Beschäftigung einer Branche in den Katalog
der Indikatoren zur Arbeitsplatzqualität aufgenommen. Die Annahme erschien
plausibel, daß Arbeiter im Durchschnitt unter sozialen wie materiellen Bedingungen arbeiten, die im Verhältnis zu den Arbeitsbedingungen der Angestellten
ungünstiger beurteilt werden, so daß aus der Sicht der Beschäftigten ein

---

[1] Eine Sonderstellung unter den Industriezweigen in Nordrhein-Westfalen nimmt
der Kohlenbergbau ein, aus dem zwischen 1960 und 1970 mehr als 100.000 Beschäftigte ausgeschieden sind. Es wurde überlegt, ob diesem Industriezweig
dementsprechend auch eine Sonderstellung bei der Bestimmung branchenspezifi-
scher Arbeitsplatzqualität eingeräumt werden sollte. Da jedoch in Nordrhein-
Westfalen insgesamt - bis auf das Jahr 1967 - in dieser Branche die Zahl der
offenen Stellen die Zahl der Arbeitslosen überstieg und deshalb nicht davon
ausgegangen werden konnte, daß aus dem Bergbau ausscheidende Arbeitskräfte
in stärkerem Maße sektorale Mobilität aufweisen als die Beschäftigten insgesamt, wurde darauf verzichtet; die Veränderungsraten der Beschäftigtenzahlen
innerhalb eines Jahres, die ja auch durch die Konjunkturentwicklung und den
Strukturwandel der Industrie beeinflußt werden können, wurden als ausreichend zur Beschreibung dieses Aspektes der Arbeitsplatzqualität im Vergleich
zu den anderen Industriezweigen erachtet.

Posten als Angestellter attraktiv sein dürfte. Die Aufnahme weiterer Indikatoren zur Qualität der Arbeitsplätze in Bezug auf die Qualifikationsstruktur
einer Branche - gedacht war ursprünglich daran, z.b. branchenspezifische Anteile an Facharbeitern oder Frauen an den Beschäftigten inhaltlich einzubeziehen - scheiterte jedoch von vornherein an der mangelnden Verfügbarkeit von
Daten bzw. fehlender Kompatibilität der Statistiken.
Die vier genannten Merkmale decken somit nur begrenzt und ansatzweise das
Spektrum möglicher Qualitätskriterien ab. Trotz dieser reduzierten Bearbei-
tungsmöglichkeiten erschien eine auf diesen vier Indikatoren basierende Forschung sinnvoll, da Untersuchungen mit vergleichbarem Erklärungsansatz bisher nicht bekannt sind.

4.2.1.2 Die Quantifizierung der Indikatoren

Nachdem die vier ausgewählten Merkmale für jede Branche in jedem Jahr des Untersuchungszeitraums berechnet waren, wurde zunächst geprüft, ob als hinreichend zu bezeichnende Spannweiten in den industriezweigspezifischen Merkmalsausprägungen innerhalb eines Jahres auftreten, die inhaltlich relevante branchenspezifische Unterschiede von Arbeitsplatzqualitäten begründen. Hätte festgestellt werden können, daß für ein oder mehrere Merkmale nur unbedeutend oder
gar nicht differierende Werte aufgetreten wären, hätte diesem Merkmal kein Erklärungswert im Rahmen unserer Untersuchung zugesprochen werden können. Dies
trat jedoch nicht auf. Löhne und Gehälter waren auch im Jahr der geringsten
Differenzen für den Industriezweig mit den höchsten Verdiensten um mindestens
das Doppelte höher als für den Industriezweig mit dem niedrigsten Lohn- bzw.
Gehaltsniveau. Beim Anteil der Arbeiter ergab sich eine minimale Differenz
von 47 Prozentpunkten innerhalb eines Jahres, für die Schwankungen der Beschäftigtenzahlen von mindestens 33 Prozentpunkten.

In einem nächsten Bearbeitungsschritt wurden die Merkmalsausprägungen in Indikatorwerte umgewandelt, die die relative Stellung der Industriezweige zueinander bezeichnen. Dazu wurde die Spannweite (jahresweise und für jedes
Merkmal) der branchenspezifischen Merkmalswerte auf eine Skala von 0 bis 100
transformiert; ein Indikatorwert von 0 bezeichnet den niedrigsten bzw. qualitätsmäßig ungünstigsten Branchenwert, 100 den höchsten in dem betrachteten
Jahr. Für den Anteil der Arbeiter und die kurzfristigen Veränderungen der
Beschäftigtenzahlen wurde ein hoher Anteilswert als qualitätsmäßig ungünstig
gewertet und deshalb der höchste errechnete Merkmalswert durch den Indikator-

wert 0 repräsentiert und der niedrigste durch 100. Entsprechend wurden alle
Merkmalswerte linear auf die Skala zwischen 0 und 100 übertragen. Der Weg-
fall der ursprünglichen numerischen Dimension der Merkmalswerte ermöglicht
die Kombination von Indikatoren, ohne daß allein aufgrund des numerischen
Niveaus der Merkmale implizite Gewichtungen, d.h. eine unterschiedliche "Wichtigkeit" oder Aussagekraft in bezug auf die Arbeitsplatzqualität vorgegeben wären. Die Linearität der Transformation hat zur Folge, daß quantitativ gleich
große Unterschiede, ob "oben" oder "unten" auf der Skala, gleich bewertet
werden, was den Bewertungen von Arbeitsplätzen, wie sie von Arbeitnehmern
in der Realität vorgenommen werden, unter Umständen nicht entspricht. Solche - sicherlich indikatorspezifischen - nichtlinearen Bewertungen waren
aufgrund fehlender Kenntnisse über das Verhalten der Arbeitnehmer im Rahmen
dieses Projekts jedoch nicht zu ermitteln.

4.2.1.3 Die Prüfung der Indikatoren auf Substituierbarkeit

Aufgrund der Vermutung, daß die gewählten Indikatoren miteinander gut korrelieren, vor allem das Lohn- und Gehaltsniveau, möglicherweise auch die Be-
schäftigtenveränderung mit dem Arbeiteranteil (nachdem die Rohdaten zeigten,
daß von den saisonalen Beschäftigtenschwankungen Arbeiter überproportional
betroffen waren), wurden für einzelne Jahre und zwischen den einzelnen Indikatoren für die Branchen der vierstelligen Systematik einfache Korrelationsanalysen unternommen. Da die Umwandlung von Merkmalswerten zu Indikatorwerten linear ist, bleiben die berechneten Korrelationskoeffizienten, ob
mit den absoluten oder Indikatorwerten ermittelt, gleich. Die Analysen wurden versuchsweise getrennt für die Jahre 1960, 1965 und 1970 für eine Reihe
von Anpassungsfunktionen (lineare, quadratische, kubische und 4 exponentielle
bzw. modifizierte exponentielle Funktionen) durchgeführt. Das Vorkommen
von Nullindexwerten schloß die Einbeziehung logarithmischer Funktionen aus -
mögliche nichtlineare Beziehungen waren jedoch ausreichend vertreten.[1]

In der Tat wurden die Korrelationsergebnisse durch die Annahme der Nicht-
linearitäten kaum verbessert (s. Tabelle 4.1 und 4.2). Da für 1960 über 80

---

[1] Die verwendeten Anpassungsformen waren:

$$y = a + bx \qquad\qquad y = a + bxe^{cx}$$
$$y = a + bx + cx^2 \qquad\qquad y = a + bx^2e^{cx}$$
$$y = a + bx + cx^2 + dx^3 \qquad\qquad y = a + b(x+x^2)e^{cx}$$
$$y = a + be^{cx}$$

Tabelle 4.1: Bestimmtheitsmaße[+] einfacher linearer Korrelationsanalysen
zwischen den Indikatoren zur Arbeitsplatzqualität für
Industriezweige

Jahr	der Indikatoren[++]					
	1 mit 2	1 mit 3	1 mit 4	2 mit 3	2 mit 4	3 mit 4
1960	0,12	0,26	0,00	0,11	0,01	0,32
1965	0,00	0,01	0,01	0,04	0,06	0,18
1970	0,07	0,12	0,02	0,05	0,01	0,26

Tabelle 4.2: Die höchsten Bestimmtheitsmaße[+] der durchgeführten ein-
fachen nichtlinearen Korrelationsanalysen zwischen den
Indikatoren zur Arbeitsplatzqualität für Industriezweige

Jahr	der Indikatoren[++]					
	1 mit 2	1 mit 3	1 mit 4	2 mit 3	2 mit 4	3 mit 4
1960	0,15	0,28	0,09	0,12	0,25	0,35
1965	0,00	0,08	0,03	0,13	0,15	0,22
1970	0,08	0,20	0,02	0,07	0,13	0,34

[+]   für die Anzahl der Freiheitsgrade nicht korrigiert

[++]   Indikator 1 - Veränderung der Beschäftigtenzahlen
       Indikator 2 - Arbeiteranteil
       Indikator 3 - Löhne
       Indikator 4 - Gehälter

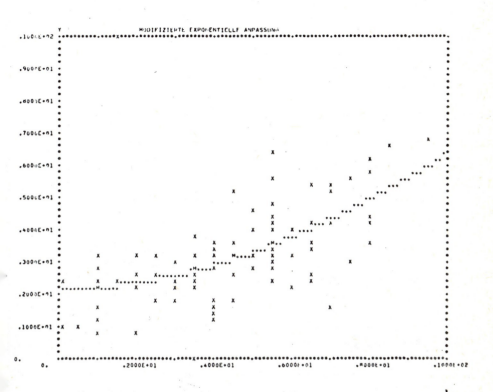

Abb. 4.1: <u>Beste Anpassungsfunktion - Indikatoren 3 und 4 zur Arbeits-</u>
<u>platzqualität</u>

und ab 1965 über 100 Beobachtungen zur Verfügung standen, ist es nicht notwendig, zu überlegen, ob die Beobachtungen eine Stichprobe oder die gesamte
Population im spezifischen Jahr darstellen, weil die entsprechende Reduk-
tion der Bestimmtheitswerte auf keinen Fall mehr als 0,025 beträgt. Die Tabellen 4.1 und 4.2 zeigen, daß keine starken Beziehungen zwischen den Indikatorwerten existieren. Das höchste Bestimmtheitsmaß findet sich bei der Beziehung der Lohnhöhen zu den Gehältern, lag aber nur bei einem Wert von 0,35
im Jahr 1960, später niedriger. Die Streuung und Verteilung der Beobachtungen
in diesem Fall und die entsprechende Anpassungskurve sind in Abb. 4.1 zu
sehen. Aufgrund der insgesamt schwachen Ergebnisse wurde auf die Berechnung
für weitere Versuchsjahre und auf eine multidimensionale Abhängigkeitsun-
tersuchung verzichtet.

Die gewählten Indikatoren zur Arbeitsplatzqualität können daher als weitgehend statistisch unabhängig betrachtet werden. Sie enthalten also von der
Definition her inhaltlich und numerisch unterschiedliche Aussagen.

4.2.1.4 Die Bestimmung der RASS-gruppenspezifischen Arbeitsplatzqualität

Wie in Kap. 3.1.1 dargestellt, können die gewanderten Betriebe nicht in
jedem Fall der vierstelligen Systematik der Industriezweige zugeordnet werden; sie sind nach ihrer Zugehörigkeit zu einer der 20 RASS-Gruppen erfaßt,
denen jeweils ein oder mehrere Industriezweige angehören. Für diejenigen RASS-
Gruppen, die mehr als einen Industriezweig umfassen, ergab sich das Problem
der Übertragung der branchenspezifischen Indikatorwerte, um eine Beurteilung
jeder RASS-Gruppe nach ihrer Arbeitsplatzqualität vornehmen zu können. Für
die RASS-Gruppen, die mehr als einen Industriezweig umfassen, variieren die
Werte der vier Indikatoren der Arbeitsplatzqualität zwischen einem Minimum-
wert (beschäftigungsmäßig ungünstigster Branchenwert innerhalb der Gruppe)
und einem entsprechenden Maximumwert, die angeben, wie "schlecht" bzw. "gut"
die Arbeitsplatzqualitäten eines wandernden Betriebes dieser RASS-Gruppe im
Extremfall sein könnten, wenn der Betrieb dem Industriezweig mit dem niedrigsten bzw. höchsten Branchenwert zuzuordnen wäre. Es wurde jeweils der
maximale innerhalb einer RASS-Gruppe angetroffene Indikatorwert für einen
Industriezweig als RASS-gruppentypischer Wert angenommen. Da untersucht werden soll, inwieweit die regionale Verteilung von Beschäftigten in Industriezweigen mit höheren Indikatorwerten als Gruppen wandernder Betriebe
das Wanderungsverhalten dieser Gruppe von Betrieben beeinflußt,

erschien es sinnvoll,jeweils die höchsten Indikatorwerte von Industriezweigen innerhalb einer RASS-Gruppe zur Beschreibung der RASS-Gruppe heranzuziehen.

Inhaltlich bedeutet dies, daß die einer RASS-Gruppe zugeordneten Indikatorwerte nicht ein "durchschnittliches" Niveau bezeichnen, das etwa über eine
Gewichtung mit Betriebs- oder Beschäftigtenanteilen der einzelnen in der
RASS-Gruppe enthaltenen Industriezweige oder über Aussagen zu den Mobilitätsraten einzelner Industriezweige und - daraus abgeleitet - der Wahrscheinlichkeit der Zugehörigkeit eines wandernden Betriebes zu einem Industriezweig
bestimmt werden könnte. Aussagen über branchenspezifische Mobilitätsraten können ja eben deshalb nicht getroffen werden, weil die wandernden Betriebe
statistisch nicht nach der Systematik der Industrieberichterstattung erfaßt
werden, und die Wahrscheinlichkeit der Zugehörigkeit zu einem Industriezweig
aus deren Betriebs- oder Beschäftigtenanteilen abzuleiten, wäre nur unter
der Annahme zulässig, daß keine branchenspezifischen Unterschiede in den Mobilitätsraten innerhalb einer RASS-Gruppe bestehen. Jede mehr als eine Branche
umfassende RASS-Gruppe wird deshalb nach dem jeweils höchsten branchenspezifischen Indikatorwert der in der RASS-Gruppe zusammengefaßten Branchen gekennzeichnet. Zur Illustration sind in der Abb. 4.2 verschiedene Beschäftigten-
zusammensetzungen nach Industriezweigen für ausgewählte RASS-Gruppen bezüglich
ihrer Arbeitsplatzqualität dargestellt. Die drei Beispiele deuten die Schwierigkeiten an, die mit einer Bestimmung eines RASS-gruppentypischen Indikator-
wertes unter dem Maximalwert für Industriezweige innerhalb einer RASS-Gruppe
verbunden wären. Es erschien auch aufgrund der Vermutung, daß mobile Betriebe,
die die Kosten eines (partiellen) Standortwechsels als tragbar empfinden,
eher den "besser" situierten Betrieben einer Branche zuzuordnen sein dürften,
die Auswahl der Maxima als inhaltlich am ehesten gerechtfertigt.

Weiterhin wird vermutet, daß es möglich sein könnte, RASS-Gruppen "vergleichbarer" Werte der 4 Indikatoren zu Gruppen ähnlicher Arbeitsplatzqualität zusammenzufassen und damit ein zusätzliches Untersuchungsfeld zu
erschließen, in dem nicht nur das Verhalten von Betrieben ähnlicher Produktionsstruktur beschrieben wird, wie sie die RASS-Gruppen noch weitgehend
enthalten, sondern auch von Gruppen - so präzise wie aufgrund der Datenlage
möglich -, die nach ihrer durch die Indikatoren beschriebenen Arbeitsplatzqualität als hinreichend homogen beurteilt werden können.

Unter dieser Zielsetzung wurden mit Hilfe von Clusteranalysen[1] für die Jahre 1960, 65 und 70 die Industriezweige der vierstelligen Systematik nach ihren Werten für alle vier Indikatoren zur Arbeitsplatzqualität gruppiert, und zwar für verschiedene Anzahlen von Clustern (Partitionen). Diese Vorgehensweise ermöglichte zudem Aussagen zur Homogenität der mehrere Industriezweige umfassenden RASS-Gruppen.

Es war vorgesehen, die RASS-Gruppen für die Untersuchung des Wanderungsverhaltens zusammenzufassen, die in allen drei untersuchten Jahren - mit sämtlichen Industriezweigen, soweit es die "zusammengesetzten" RASS-Gruppen betraf - in einem gemeinsamen Cluster angetroffen wurden. Die Einführung einer höheren Aggregationsstufe für die gewanderten Betriebe hätte eine Zunahme der Fallzahlen in den einzelnen Gruppen zur Folge, die eine bessere statistische Absicherung der zu ermittelnden Ergebnisse zum Wanderungsverhalten ermöglichen würde.

Die erste durchgeführte Analyse ordnete die Industriezweige 20 Clustern zu. Die Verteilung der Industriezweige zeigte, daß in keinem Fall die einer RASS-Gruppe zugeordneten Industriezweige in allen betrachteten Jahren in ein gemeinsames Cluster fielen. Von den Industriezweigen, die eine RASS-Gruppe bildeten, konnten aber in jedem der untersuchten Jahre mindestens zwei einem gemeinsamen von 20 Clustern zugeordnet werden, und zwar:

im Jahr 1960: die RASS-Gruppen[2] Nr. 6, 7 und 8 und

die RASS-Gruppen   Nr. 11 und 20;

im Jahr 1965: die RASS-Gruppen   Nr. 8 und 11;

im Jahr 1970: die RASS-Gruppen   Nr. 6 und 7,

die RASS-Gruppen   Nr. 8 und 11,

die RASS-Gruppen   Nr. 12 und 14 und

die RASS-Gruppen   Nr. 19 und 20.

Da aber keine über die Zeit hinweg konstanten Gruppierungen ermittelt werden konnten, wurden zunächst auf diesem Cluster-Niveau keine Möglichkeiten einer Zusammenfassung von RASS-Gruppen zu Gruppen ähnlicher Arbeitsplatzqualität gesehen.

---

[1] Das verwendete Verfahren war ein partitionierender Cluster-Algorithmus mit einem Abstandsquadratsummenkriterium; vgl. Späth, H.: Cluster-Analyse-Algorithmen zur Objektklassifizierung und Datenreduktion, München und Wien 1977, S. 35 ff., insbes. S. 74 ff.

[2] Zur Einteilung der RASS-Gruppen s. Übersicht 3.1, S. 12.

- 83 -

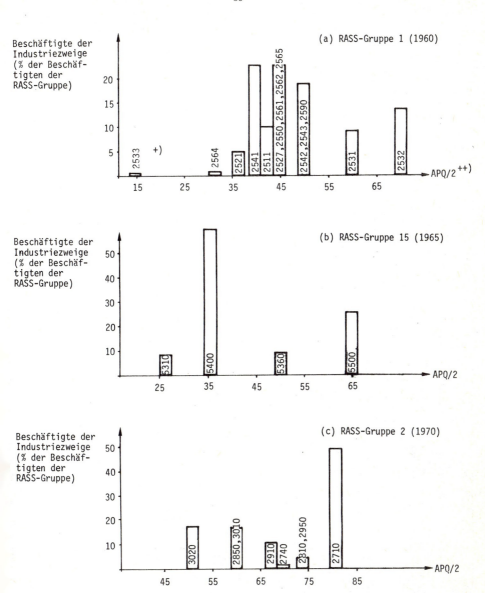

Abb. 4.2: Arbeitsplatzqualität innerhalb ausgewählter RASS-Gruppen

+) Industriezweige der vierstelligen Systematik

++) In jeder Graphik ist die Arbeitsplatzqualität APQ als Summe der
Indikatorwerte zum Lohn- und Gehaltsniveau definiert.

Übersicht 4.3: Ergebnisse der Clusteranalysen: Zuordnung der Industriezweige zu 3, 4 und 5 Clustern

RASS-Gruppe	Ind.-Zweig	Anzahl der Cluster — 3 (1 2 3)	4 (1 2 3 4)	5 (1 2 3 4 5)
1	2511	⊕ X	⊕ X	⊕ X
	2521	▨	▨	⊕ X
	2527	+ ▨	⊕ X	⊕ X
	2531	▨	▨	▨
	2532	▨	▨	▨
	2533	* o	X ⊕	X ⊕
	2541	▨	⊕ X	▨
	2542	▨	+ ▨	+ ▨
	2543	+ ▨	+ ▨	+ ▨
	2550	+ ▨	⊕ X	⊕ X
	2561	*	*	*
	2562	+ X	+ X	+ X
	2564	▨	▨	▨
	2565	+ ▨	+ ▨	+ o X
	2590	▨	▨	▨
	5100	+ ▨	▨	⊕ X
	5200	+ ▨	▨	▨
2	2710	▨ +	▨	▨
	2740	▨ +	▨	▨
	2810	▨ +	▨	▨
	2850	▨ +	▨	▨
	2910	▨ +	▨	▨
	2950	▨	▨	⊕ X
	3010	▨ +	▨	+ ▨
	3020	⊕ X	⊕ X	⊕ X
3	3810	o *	o + X	o *
	3820	⊕	⊕	⊕ X
	3830	⊕ X	⊕ X	⊕ X
	3841	▨	▨	⊕ X
	3845	▨	▨	▨
	3846	▨	▨	▨
	3849	▨	* o	* o
	3850	▨	▨	▨
	3861	▨	▨ o	* o
	3867	⊕ X	⊕ X	⊕ X
	3870	▨	* o	* o
	3881	▨	▨	▨
	3887	▨	* o	* o
	3888	* o	+ o X	+ ▨
	3891	+ X	+ X	+ X
	3950	▨ +	▨ +	▨ +
4	3100	▨	▨	⊕ X
	3200	▨	▨	⊕ X
	3300	▨	▨	▨
5	3400	▨	▨	▨
6	3500	o + X	o + X	o *
7	3600	▨	▨	⊕ X
8	3700	▨	▨	▨
9	4000	▨	▨	▨
	4200	⊕	⊕	⊕ X
	5800	▨	▨	⊕ X

RASS-Gruppe	Ind.-Zweig	Anzahl der Cluster — 3 (1 2 3)	4 (1 2 3 4)	5 (1 2 3 4 5)
10	6300	* o	* o	* o
11	5600	X +	▨ +	▨ +
12	5700	+ ▨	+ ▨	+ ▨
13	6100	▨	▨	▨
	6210	* o	* o	X ⊕
14	5900	+ ▨	+ ▨	+ ▨
15	3940	⊕ X	+ X o	+ X o
	5310	▨	* o	X ⊕
	5360	▨	▨	▨
	5400	▨	▨	▨
	5500	▨	▨	▨
16	3910	▨	▨	▨
	3920	⊕ X	+ ▨	+ ▨
	3930	▨	* o	X ⊕
17	6811	o *	o + X	o *
	6813	▨	▨	+ o
	6815	▨	* o	+ X o
	6817	▨	* o	X o
	6821	▨	⊕ X	⊕ X
	6824	+ ▨	+	+ X
	6827	▨	* o	X ⊕
	6831	▨ +	* o	+ ▨
	6835	o + X	* o	* o
	6841	▨ +	▨	▨
	6844	+ ▨	▨ +	o *
	6847	▨	▨	▨
	6851	▨	* o	▨ o
	6855	* o	* o	X ⊕
	6861	▨	▨	▨
	6865	▨	▨	⊕ X
	6871	▨	▨	
	6872	▨	o *	o + X
	6873	o + X	o + X	⊕ X
	6875	▨	▨	+ o X
	6877	*	*	*
	6879	▨	* o	X ⊕
	6881	▨	▨	⊕ X
	6885	▨	⊕ X	+ ▨
	6891	*	*	*
18	6911	▨	▨ +	⊕ X
	6941	▨	* o	X ⊕
	6971	+ ▨	+ X o	▨
19	6400	▨	* o	X ⊕
20	6250	▨	* o	* o

x 1960
+ 1965
o 1970

Es wurden weitere Analysen mit der Bildung von jeweils 10, 5, 4 und 3 Clustern durchgeführt, um festzustellen, inwieweit sich auf einem anderen Niveau,d.h. bei zunehmender Streuung der Indikatorwerte innerhalb eines Clusters, Aggregationsmöglichkeiten ergaben (s. Übersicht 4.3). Auffälligstes Ergebnis war, daß auch bei einer geringen Anzahl von Clustern (5 oder weniger) die RASS-Gruppe 17 (Ernährungsindustrie) nach ihren Indikatorwerten als sehr heterogen zu bezeichnen ist - die ihr angehörenden Industriezweige verteilten sich jeweils auf sämtliche vorhandenen Cluster, während sich mit abnehmender Anzahl von Clustern für die anderen RASS-Gruppen eine zunehmende Konzentration der zugehörigen Industriezweige in einzelnen Clustern nachweisen ließ. Bei einer Anzahl von 10 Clustern konnten entsprechend den oben angeführten Bedingungen die RASS-Gruppen 5, 12 und 14 als Gruppe ähnlicher Indikatorwerte und damit als möglicher Untersuchungsgruppe tendenziell ähnlichen Niveaus und ähnlich strukturierter Arbeitsplatzqualität definiert werden; die Analyse mit 5 Clustern ergab jedoch keine Aggregationsmöglichkeiten (s. Übersicht 4.3); eine Zuordnung der Industriezweige zu 4 Clustern ergab, daß die RASS-Gruppen 4 und 5 und die RASS-Gruppen 7 und 8 jeweils einem Cluster in allen drei Jahren angehörten; die Zuordnung zu 3 Clustern ergab, daß die RASS-Gruppen 7, 8, 19 und 20, und wiederum die Gruppen 4 und 5 als zusammengehörend betrachtet werden konnten. Damit konnten auf verschiedenen Zuordnungsniveaus lediglich 2 Gruppierungen (von RASS-Gruppen) - aufgrund der jeweiligen Zuordnung, wie sie durch die Clusteranalyse bestimmt wurde - ähnlicher Arbeitsplatzqualität in die Untersuchung des Wanderungsverhaltens der Industriebetriebe einbezogen werden. Aus anderen Gründen, die im folgenden noch anzusprechen sind, kamen diese Gruppierungen jedoch im weiteren Verlauf der Untersuchung nicht zur Anwendung. Die RASS-Gruppen 3, 4, 7 und 19 weisen bei der Cluster-Analyse tendenziell im Verhältnis zu anderen RASS-Gruppen einander ähnlichere Indikatorwerte auf.

4.2.1.5 Die verwendeten Definitionen von Arbeitsplatzqualität

Eine eindeutige Definition des Begriffs "Arbeitsplatzqualität" aus den vier erhobenen und zu Indikatoren transformierten Merkmalen ist nicht möglich, da nur einige Aspekte in Form von Indikatoren erfaßt sind und Informationen weder über die Bewertungsmaßstäbe vorliegen, die von Arbeitnehmern bei der Entscheidung über die Aufnahme einer Beschäftigung angewandt werden, noch darüber, in welcher Weise die Träger der Standortentscheidung die Eignung einer Ansiedlungsmöglichkeit in Abhängigkeit von der Lage auf dem Arbeitsmarkt beurteilen und welche Faktoren die Beurteilung der Arbeitsmarktlage bestimmen. Deshalb kann die regionale Differenzierung von Arbeitsmarktsituationen als Erklärungsdeterminante des Wanderungsverhaltens von Industriebetrieben nur versuchsweise durch die Indikatorwerte in unterschiedlichen Kombinationen für Industriezweige bzw. RASS-Gruppen beschrieben werden; dabei werden zwei unterschiedliche Verfahren angewandt, wobei in beiden Fällen der Versuch der Beschreibung von Arbeitsplatzqualität dazu dient, die relative Stellung (schlechter bzw. besser) von Industriezweigen zueinander bzw. Industriezweigen und RASS-Gruppen zueinander zu bestimmen, nämlich:

1. Die Einzelbetrachtung eines oder mehrerer Indikatoren: ein Industriezweig oder wandernder Betrieb weist gegenüber einem anderen Zweig oder einer anderen RASS-Gruppe nur dann eine höhere Arbeitsplatzqualität auf, wenn sämtliche zu berücksichtigenden Indikatorwerte über denen des Vergleichszweiges bzw. der Vergleichs(RASS)-gruppe liegen. Dies ist ein Ansatz, der keine Substitutionseffekte unter den für den Versuch ausgewählten Merkmalen (Indikatoren) annimmt. Da Substitution zwischen den Indikatoren ausgeschlossen wird, ist die Annahme für die Beschreibung von Arbeitsplatzqualität hier, daß die in jeder Kombination berücksichtigten Indikatoren - im Gegensatz zu substitutiv - als komplementär definiert werden: sind z. B. zwei der vier Indikatoren als maßgebend ausgewählt, müssen beide entsprechenden Indikatorwerte eines Zweiges über den Werten für einen anderen liegen, um zu der Aussage zu kommen, daß der erste Zweig eine bessere Arbeitsplatzqualität als der zweite besitzt. Auf die inhaltliche Konsequenz dieses Ansatzes wird später eingegangen.

2. Die Berücksichtigung substituierender Wirkungen durch die Bildung gewichteter Durchschnittswerte der für den Beschreibungsversuch ausgewählten Indikatoren (Merkmale). Ein Industriezweig könnte daher nach diesem Ansatz eine höhere Arbeitsplatzqualität aufweisen, wenn sein spezifischer Durchschnittswert höher als der für einen Vergleichswert liegt, auch wenn ein oder vielleicht mehrere Indikatoren dabei niedrigere Werte aufweisen. Da die Indikatoren im geschlossenen Intervall $[0;100]$ liegen, kann jedoch nicht von einer vollen Substitutionsmöglichkeit gesprochen werden, da z.B. sehr niedrige Werte bei zwei Indikatoren nicht unbedingt (je nach Gewichtung) von hohen Werten der anderen ausgeglichen werden können. Daher kommen auch bei diesem "Substitutionsansatz" unter Umständen Komple-

mentaritätswirkungen zum Ausdruck, wenn niedrigere Bewertungen vorliegen.
Für den ersten Ansatz sind bei vier Merkmalen insgesamt 15 Indikatoren-Kombinationen möglich. Wenn zunächst nur die Gewichtungen 0 und 1 in Betracht gezogen werden, kommen beim zweiten Ansatz 11 Kombinationen infrage, da die Betrachtung der vier einzelnen Merkmale im ersten Ansatz schon abgedeckt worden ist (s. Übersicht 4.4). Aufgrund inhaltlicher Überlegungen konnte zunächst keine Begründung für den Ausschluß einer oder mehrerer Kombinationen getroffen werden, wenn auch vermutet wurde, daß einige Kombinationen eine geringere Relevanz für die Bestimmung von Arbeitsplatzqualität haben, wie sie im Entscheidungsprozeß der Standortwahl seitens der Unternehmer möglicherweise berücksichtigt wird, und wie sie mit den Methoden dieser Untersuchung nachgewiesen werden kann. Z.B. dürfte für standortwechselnde Betriebe, die überwiegend Arbeiter beschäftigen, das Niveau der Gehälter nur von geringem oder gar keinem, das der Löhne und der Anteil der Arbeiter in den Nahbereichen jedoch von größerer Bedeutung sein. Mangels genauer Information bzw. weitergehender Forschung, die im Rahmen dieser Untersuchung nicht möglich war, wurde jedoch keine Kombination a priori ausgeschlossen.

Im folgenden wird zur abgekürzten Bezeichnung von Auswertungen die verwendete Definition von Arbeitsplatzqualität (der Buchstabe K für den komplementaritätsorientierten ersten Berechnungsansatz bzw. S für den substitutionsorientierten zweiten Berechnungsansatz) und das Gewichtungsschema, das angibt, welche Indikatoren für die Definition von Arbeitsplatzqualität herangezogen werden, verwendet (z.B. ist K0011 die Bezeichnung einer Berechnung unter Verwendung des komplementaritätsorientierten Ansatzes mit den Indikatoren 3 und 4 und S1101 einer Berechnung der Arbeitsplatzqualität unter Verwendung des zweiten Ansatzes mit den gleich gewichteten Indikatoren 1, 2 und 4).

Die Strategie der Verwendung der zwei Ansätze wahrt die inhaltlich "sinnvolle" Beschreibung der relativen Arbeitsplatzqualität für Industriezweige (so weit dies mit den 4 verwendeten Merkmalen möglich ist) durch die Beibehaltung aller Kombinationen. Z.B. wird die sinnvoll erscheinende Kombination der Merkmale (Indikatoren) des Lohn- bzw. Gehaltsniveaus (die anderen zwei ausgeschlossen) zugleich komplementär und substitutiv auf ihre Wirkung hin untersucht. Auf eine weitere inhaltliche Analyse aller 26 Kombinationen mit 0-1-Gewichtungen kann an dieser Stelle daher zunächst verzichtet werden, bis zumindest vorläufige Indikationen der Wirkungen, sowohl absolut als auch relativ, vorliegen, da Wirkungen nicht nur statistisch, sondern

Übersicht 4.4: Verwendete Definitionen der branchenspezifischen bzw. RASS-gruppenspezifischen Arbeitsplatzqualität

Indikator[+]									
1	2	3	4	3	4	3	4	3	4
Gew.Fak.		0	0	0	1	1	0	1	1
0	0			K		K		K,S	
0	1	K		K,S		K,S		K,S	
1	0	K		K,S		K,S		K,S	
1	1	K,S		K,S		K,S		K,S	

K = verwendet für komplementaritätsorientierten Ansatz 1
S = verwendet für substitutionsorientierten Ansatz 2

[+] Indikator 1 - Veränderung der Beschäftigtenzahlen
2 - Arbeiteranteil
3 - Löhne
4 - Gehälter

auch inhaltlich abgesichert werden sollen. Eine vorausgehende inhaltliche Absicherung scheint fehl am Platz zu sein, bevor bekannt wird, ob überhaupt Wirkungen dieser oder jener Kombination statistisch nachgewiesen werden können.

Ursprünglich war geplant, anhand der Ergebnisse eines Laufkomplexes mit 0-1-Gewichtungen (zweiter Ansatz) weitere Gewichtungsschemata auszuwählen und ebenfalls zu testen. Diese Absicht wurde jedoch zugunsten einer möglichst tiefen Gliederung der Gruppen untersuchter Betriebe aufgegeben, nachdem festgestellt werden konnte, daß häufig sowohl Standorttypen mit sehr hoher als auch sehr niedriger Ansiedlungsgunst überproportional viele Wanderungen zu verzeichnen haben und deshalb anzunehmen war, daß mit zunehmender Disaggregierung der wandernden Betriebe sich betriebsartenspezifische Tendenzen des Entscheidungsverhaltens in Hinsicht auf die Berücksichtigung beschäftigungsstruktureller Phänomene in den Nahbereichen nachweisen lassen würden.

4.2.1.6 Die Verteilung der Beschäftigten in den Nahbereichen nach Industriezweigen

Die branchenspezifische Bestimmung von Indikatoren zur Qualität der Arbeitsplätze erlaubt erst dann die Ermittlung regionaler Differenzierung von Ansiedlungsgunst in bezug auf den Arbeitsmarkt, wenn die branchenmäßige Verteilung von industriellen Arbeitsplätzen in den Nahbereichen bekannt ist.
Die im Zuge anderer Forschungsarbeiten des Instituts vom Landesamt für Statistik und Datenverarbeitung Nordrhein-Westfalen erstellte und hier verwendete Datei zur Industriestruktur der Nahbereiche des Landes für die Jahre
1958 - 1971 basiert auf den Daten der jährlich und gemeindeweise vorgenommenen Totalerhebungen der Industrieberichterstattung. Die darin enthaltenen
Angaben zu den Beschäftigtenzahlen der Industriebetriebe nach der vierstelligen Systematik der Industrieberichterstattung wurden auf Nahbereichsebene
aggregiert, wobei jeder einzelne Betrieb über seine Adresse einem Nahbereich
zugeordnet wurde, soweit Nahbereichs- und Gemeindegrenzen nicht deckungs-
gleich waren.
In dieser Datei sind auch die Daten der beschäftigungsmäßig größten Betriebe pro Nahbereich und Jahr sowie deren Beschäftigungszahlen enthalten, die
in Kap. 4.2.2 erwähnt werden.

4.2.2 Die Mobilitätsbereitschaft der Arbeitnehmer

Um die Standortgunst eines Nahbereichs für Betriebsansiedlungen im Bereich
des Faktors Arbeitskräfte zu bestimmen, ist nicht nur das aus der Sicht des
Beschäftigten zu definierende Qualitätsniveau der im Nahbereich vorhandenen
Arbeitsplätze und das der Arbeitsplätze im zuwandernden Betrieb von Belang.
Ebenso muß ein standortsuchender Betrieb berücksichtigen, inwieweit die ansässigen Arbeitskräfte auf das zusätzliche Angebot an Beschäftigungsmöglichkeiten reagieren. Dabei wird angenommen, daß mit zunehmender Fluktuation der
Beschäftigten in einem Nahbereich ceteris paribus die Chancen des ansied-
lungswilligen Betriebes steigen, Arbeitskräfte an sich zu ziehen.

Diese Fluktuation in einem Nahbereich dürfte umso größer sein, je mehr Beschäftigte Branchen angehören, deren Arbeitskräftebedarf zeitlich nicht konstant ist, die also Veränderungen der Beschäftigtenzahlen aufweisen. Der
Branchenindikator "Veränderung der Beschäftigtenzahlen" ist deshalb nicht
nur geeignet, die Qualität von Arbeitsplätzen aus der Sicht der Arbeitnehmer
zu beschreiben, sondern auch, Hinweise zu geben auf das Vorhandensein von
Arbeitskräften, die für den zuwandernden Betrieb unter Umständen mobilisier-
bar sind.

Die Bereitschaft der Arbeitnehmer zur Aufnahme einer Beschäftigung in einem
sich ansiedelnden Betrieb ergibt sich möglicherweise auch daraus, inwieweit
die Konkurrenzverhältnisse auf dem Arbeitsmarkt durch einen dominierenden
Betrieb, der einen erheblichen Anteil an den industriellen Arbeitsplätzen
stellt, beeinflußt werden. Ein hoher Konzentrationsgrad der Industriebeschäftigten auf einen Betrieb kann dabei als hemmender Faktor für Betriebsansiedlungen wirken, weil - besonders in kleinen Nahbereichen im ländlichen
Raum - die Arbeitskräfte traditionellerweise diesen Betrieb als den infragekommenden Arbeitgeber zu betrachten gewöhnt sind und sich mit ihren Erwartungen an einen Arbeitsplatz auf die Möglichkeiten, die dieser Betrieb bietet, eingestellt haben - darüber hinaus unterstellt der standortsuchende
Betrieb unter Umständen, daß der dominierende Betrieb eine Ansiedlung wenn
nicht zu verhindern, so doch zu erschweren sucht.

Andererseits ist denkbar, daß tendenziell monostrukturierte Standorte ein
Arbeitskräftepotential aufweisen, das vom dominierenden Betrieb nicht eingesetzt werden kann; diese Standorte können für Betriebe mit komplementärer
Nachfrage nach Arbeitskräften im Vergleich zum ansässigen, den Arbeitsmarkt
dominierenden Betrieb günstige Ansiedlungsmöglichkeiten bieten.

Zusätzlich zu der Anzahl der Betriebe und Beschäftigten der Branche wurde
in die Datei zur Industriestruktur der Nahbereiche deshalb der Industriezweig und die Beschäftigtenzahl des beschäftigungsmäßig größten Industriebetriebes aufgenommen zur Beschreibung der Konzentration der Arbeitsplätze
auf einen Betrieb, die möglicherweise das Ansiedlungsklima eines Standorts
mitbestimmt. Eine Nachprüfung der Verteilung der Nahbereiche nach dem Beschäftigtenanteil des größten Industriebetriebes an den Industriebeschäftigten im Nahbereich - aufgeteilt in zwei Nahbereichsgrößenklassen, wie in
Kap.4.2.3 begründet wird - zeigt (s. Abb. 4.3), daß die Streuung der
Anteile für beide Verteilungen (und abgeleitet für die Nahbereiche insgesamt) numerisch ausgeprägt ist - eine "Homogenität" dieser Anteile unter den
Nahbereichen würde bedeuten, daß die Gesamthäufigkeit in eine oder zwei Klassen fällt. Numerische Unterschiede der Anteile sind daher in solchem Ausmaß
vorhanden, daß eine Untersuchung der Relevanz des Konzentrationsgrades der
Industriebeschäftigung für die Standortwahl sinnvoll erschien.

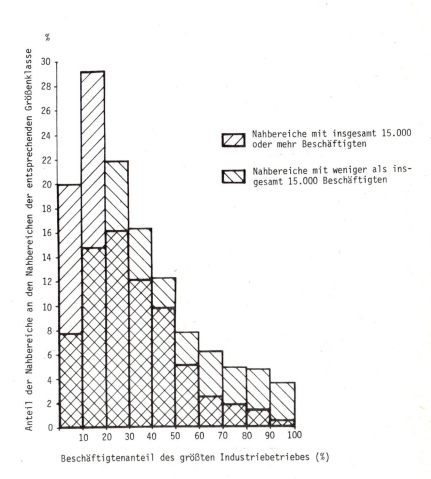

%

Anteil der Nahbereiche an den Nahbereichen der entsprechenden Größenklasse

Nahbereiche mit insgesamt 15.000 oder mehr Beschäftigten

Nahbereiche mit weniger als insgesamt 15.000 Beschäftigten

Beschäftigtenanteil des größten Industriebetriebes (%)

Abb. 4.3: Verteilung der Nahbereiche nach dem Anteil des größten Industriebetriebs an den Industriebeschäftigten im Nahbereich nach zwei Größenklassen von Nahbereichen - 1958 bis 1971

4.2.3 Das Potential an Arbeitskräften

Zunächst ist (bei gleichen Rahmenbedingungen) zu erwarten, daß mit zunehmender Anzahl von Beschäftigten in einem Nahbereich die Zahl der Arbeitskräfte, die als potentielle Arbeitnehmer eines zuwandernden Betriebes in Frage kommen, zunimmt. Welche Beschäftigtengruppen das relevante Arbeitskräftepotential mit der größten Genauigkeit abbilden, ist abhängig von den Substitutionsmöglichkeiten der Arbeitsplätze zwischen den Industriesektoren und zwischen der Industrie und anderen Wirtschaftsbereichen. Da im Rahmen dieser Arbeit keine Untersuchungen dazu durchgeführt werden konnten, andererseits aber die Vermutung bestand, daß berufliche Mobilität nicht nur innerhalb von Wirtschaftssektoren stattfindet, wurde die Zahl der Beschäftigten in einem Nahbereich insgesamt als Indikator für die Größe des Arbeitsmarktes verwendet.

Mit der Annahme, daß sich in der Regel mit zunehmender Standortgröße das Qualifikationsspektrum der Beschäftigten verbreitert, kann die Hypothese begründet werden, daß für Betriebe mit Bedarf an spezialisierten Arbeitskräften - möglicherweise auch in verschiedenen Fachrichtungen - unter Umständen nur ein "großer" Standort infrage kommt, Nahbereiche mit geringen Beschäftigtenzahlen dagegen als Standortalternativen gar nicht in Betracht gezogen werden können, selbst wenn sie eine hohe Ansiedlungsgunst in bezug auf das Qualitätsniveau der bestehenden industriellen Arbeitsplätze aufweisen. Die Größe eines Nahbereichs, ausgedrückt in der Zahl der Beschäftigten insgesamt, ist nicht nur ein Kriterium, das zur Beschreibung der Situation auf dem Arbeitsmarkt herangezogen werden kann; ebenso können daraus Hinweise auf Agglomerationswirkungen außerhalb des Arbeitsmarktes abgeleitet werden. Diese können sowohl in positiver als auch negativer Weise die Ansiedlungsgunst bestimmen, zum einen - wie am Beispiel Arbeitskräfte schon dargestellt - durch ein mit zunehmender Beschäftigtenzahl verbreitertes Angebot an produktionsrelevanten materiellen Gütern und Diensten in Orten höherer Zentralitätsstufen, zum anderen negativ durch die zunehmende Konkurrenz auf den Faktor- und Produktmärkten, die unter Umständen zu Preisen führt, die für zumindest einen Teil der Betriebe eine rentable oder gewinnbringende Produktion in Frage stellen oder unmöglich machen können.

Aus diesen Gesichtspunkten heraus wurde aus den Arbeitsstättenzählungen 1961 und 1970 die Zahl der Beschäftigten insgesamt auf Nahbereichsebene aggregiert. Eventuelle, durch die Gemeindereform notwendig gewordene Änderungen der räumlichen Zuordnung von Betrieben bzw. deren Beschäftigten waren vom

Landesamt für Datenverarbeitung und Statistik Nordrhein-Westfalen so vorgenommen worden, daß aufgelöste Gemeinden mit ihrer gesamten Beschäftigtenzahl
der Gemeinde zugeordnet wurden, die den größten Teil der Bevölkerung aufgenommen hat. Dadurch können sich in der Aggregation zu Nahbereichen gewisse
Ungenauigkeiten zeigen.

Da festgestellt wurde, daß die Angaben für die beiden genannten Zeitpunkte
nur geringfügig voneinander abweichen[1], konnte auf eine notwendigerweise
auch nur ungenau die tatsächlichen Beschäftigtenzahlen widergebende Inter-
polation dieser Angaben und damit auf die Zuweisung einer Beschäftigtenzahl
für jedes Jahr des Untersuchungszeitraumes verzichtet werden. Es wurden für
die Zuordnung zu Nahbereichsgrößenklassen lediglich die Zahlen für das
Jahr 1970 berücksichtigt, die eine größere Genauigkeit in der räumlichen
Zuordnung der Beschäftigten aufweisen, da die Gemeindegrenzen im Jahr 1970
in weiten Teilen mit den Nahbereichsgrenzen übereinstimmten.

Es wurde für einen Teil der Auswertungsarbeit die Annahme getroffen, daß
für die wandernden Betriebe nicht alle vorhandenen Ansiedlungsmöglichkeiten, sondern nur diejenigen als potentielle Standorte in Frage kommen, die
der gleichen Größenklasse wie der tatsächlich ausgewählte Standort angehören. Um eine für die statistische Überprüfung der Thesen ausreichende Anzahl
von Fällen in einer hinreichenden Zahl von Wanderungsgruppen zu gewährleisten, kam lediglich die Bestimmung eines Schwellenwertes, d.h. zweier Größenklassen, in Betracht. Es wird angenommen, daß die Agglomerationswirkungen, die Quantität und Qualität von Angebot und Nachfrage und als deren
Funktion die Preise - nicht nur auf dem Arbeitsmarkt - beeinflussen, in Standorten von weniger als ca. 10.000 Beschäftigten in der Regel anders ausgeprägt sind als in Standorten mit ca. 20.000 oder mehr Beschäftigten, von
denen vermutet werden kann, daß sie die Aufgaben eines Mittelzentrums erfüllen können.

Die für einen wandernden Betrieb in Frage kommende Standortgröße kann durch
numerisch definierte Schwellenwerte nicht bestimmt werden, da sich die Standortbedingungen mit der Beschäftigtenzahl kontinuierlich verändern. Standort-

---

[1] In Nordrhein-Westfalen insgesamt nahm die Zahl der Beschäftigten zwischen
1961 und 1970 um weniger als 1 % ab; nur 13 der 418 Nahbereiche gehörten
in beiden Zensus-Jahren nicht der gleichen Größenklasse (unter 15.000 Beschäftigte bzw. 15.000 oder mehr Beschäftigte), wie sie in dieser Untersuchung berücksichtigt wurden, an.

alternativen abgrenzende Schwellenwerte können nur annähernd potentielle Standorte bestimmen. Kriterien für die Auswahl sind deshalb inhaltlich nicht eindeutig zu treffen; am geeignetsten aufgrund der Häufigkeiten in den Wanderungsgruppen erschien es, die Grenze bei 15.000 Beschäftigten zu setzen. Zu prüfen war, ob unterschiedliche Schwellenwerte unterschiedliche Untersuchungsergebnisse bedingen. Um dieser Frage nachzugehen, wurden Testläufe mit den Schwellenwerten 10.000, 15.000 und 20.000 Beschäftigte durchgeführt. Diese Läufe entsprechen den zur Prüfung der Thesen durchgeführten Läufen, wie sie in Kap.4.3 beschrieben werden, die Ergebnisse sollen im einzelnen deshalb an späterer Stelle (Kap. 4.3.5) erläutert werden. Es zeigte sich, daß gegen den Schwellenwert von 15.000 Beschäftigten keine Bedenken zu erheben waren.

4.3 Die Durchführung der Analysen

4.3.1 Die Bestimmung von nahbereichsspezifischen Konkurrenzindizes

Versucht man, Standortalternativen nach Merkmalen, die für ansiedlungsrelevant gehalten werden können, zu beschreiben, so ist zunächst ein Verfahren zu entwickeln, aufgrund dessen nahbereichsspezifische Standortbedingungen vergleichend bewertet werden können. Es wird in dieser Untersuchung davon ausgegangen, daß regionale Differenzierungen der Beschäftigungsstruktur von den Unternehmen bei Ansiedlungsentscheidungen berücksichtigt werden.

Die in den vorangegangenen Kapiteln beschriebene Methode, branchenspezifische Arbeitsplatzqualitäten zu ermitteln, kann in Zusammenführung mit den Daten zur branchenmäßigen Verteilung der Industriebeschäftigten in den Nahbereichen zur Beschreibung der standortspezifischen Beschäftigungsstruktur als Ausdruck der Arbeitsmarktsituation herangezogen werden: es ist möglich, die Anteile an Beschäftigten in Branchen mit bestimmtem Qualitätsniveau für die einzelnen Nahbereiche zu berechnen.

Entsprechend der in Kap. 4.1 ausgeführten Überlegung, daß unter dem Gesichtspunkt der Möglichkeit der Beschaffung von Arbeitskräften die Ansiedlungsgunst eines Standorts mit zunehmendem Anteil an Arbeitsplätzen "guter" Qualität sinkt, ist zunächst zu entscheiden, welche Branchen Beschäftigungsmöglichkeiten bieten, die die Arbeitsmarktsituation in besonderer Weise zugunsten bzw. zuungunsten zuwandernder Betriebe beeinflussen; wie bereits ausgeführt, ist dabei davon auszugehen, daß der Anteil der Arbeitsplätze in einem Standort, die qualitätsmäßig über dem Niveau der Arbeitsplätze eines wandernden Betriebes bzw. einer Gruppe wandernder Betriebe liegen, von entscheidender Bedeutung für die Ansiedlung ist; dementsprechend wird, soweit Wanderungsgruppen (z.B. die RASS-Gruppen) von homogener oder von als homogen betrachteter Arbeitsplatzqualität untersucht werden, die Standortgunst der Nahbereiche in deren Anteil an Beschäftigten in Branchen (der vierstelligen Systematik) mit höherer Arbeitsplatzqualität als der untersuchten Gruppe ausgedrückt; dieser Anteilswert in Prozent wird im folgenden als "Konkurrenzindex Typ I" eines Standortes bezeichnet. Dabei wird jeweils eine der insgesamt 26 verwendeten (in Kap. 4.2.1.5 beschriebenen) Berechnungsarten zur Bestimmung der branchenspezifischen Arbeitsplatzqualität eingesetzt. Die Indexwerte liegen, da sie prozentuelle Anteilswerte sind, in einem geschlossenen numerischen Bereich zwischen 0 und 100.

Es wird im folgenden davon ausgegangen:

Je niedriger der Indexwert für einen Nahbereich im Vergleich zu anderen, als potentielle Standorte für eine Gruppe wandernder Betriebe definierten Nahbereichen liegt, desto höher ist die Ansiedlungsgunst dieses Nahbereichs für standortsuchende Betriebe.

Als Wanderungsgruppen von "homogener" Arbeitsplatzqualität, die ein bestimmtes Qualitätsniveau nicht überschreiten, wurden - soweit wie aufgrund der Zahl der Fälle möglich - die einer RASS-Gruppe angehörenden Betriebe untersucht.

Da auch die Faktoren Errichtungsart, Betriebsgröße, Wanderungsdistanz und die Größenklasse des ausgewählten Standortes in ihrer Bedeutung für das Wanderungsverhalten untersucht werden sollten, wurden auch zusätzlich Gruppen von Betrieben mit "heterogener" Arbeitsplatzqualität gebildet; für Auswertungen des Wanderungsverhaltens dieser Gruppen wurde der "Konkurrenzindex Typ II" für Nahbereiche bestimmt als prozentueller Anteil der Beschäftigten in Branchen mit "hoher" Arbeitsplatzqualität an den Beschäftigten der Industrie der Nahbereiche.

Zur Bildung von Schwellenwerten, die als Maßstab für die Abgrenzung dieser "hohen" Qualitätsniveaus geeignet schienen, wurden Berechnungen zur Verteilung der Beschäftigten in NRW insgesamt nach den Werten jedes Indikators der Branche, der die Beschäftigten angehörten, durchgeführt. Anhand des arithmetischen Mittels der jeweils 14 jahresspezifischen Mediane[1] dieser Verteilungen wurden Schwellenwerte durchgängig für den gesamten Untersuchungszeitraum für jeden Indikator bestimmt, die zur Anwendung kommen, soweit Indikatorwerte der Branchen einzeln abgeprüft werden. Kommt eine Definition von Arbeitsplatzqualität nach dem substitutionsorientierten Berechnungsansatz 2. zur Anwendung, wird der Schwellenwert bei der Hälfte der maximal erreichbaren Punktzahl gesetzt. Dieser Berechnungsmodus wird auch angewendet zur Untersuchung des Wanderungsverhaltens von Gruppen von Betrieben mit niedriger Arbeitsplatzqualität, die

---

[1] Aus demselben Grund, wie in Kapitel 3.5.1 vorgeführt, wurden Mediane als repräsentativ beschreibende Jahreswerte - im Gegensatz zu arithmetischen Durchschnittswerten - gewählt.

RASS-Gruppen angehören, deren betrachtete Indikatorwerte bzw. Summen der Indikatorwerte unter diesen Schwellenwerten liegen.

Der erste Teil des Auswertungssystems besteht in der Zuweisung von Konkur-
renzindexwerten für jeden Nahbereich in jedem Jahr des betrachteten Zeitraums
in Abhängigkeit von der gewählten Definition der Arbeitsplatzqualität. Durch
Rundung der Indexwerte auf ganze Zahlen werden die Nahbereiche jeweils einer
von 101 Klassen - eine Klasse für jede ganze Zahl im geschlossenen Intervall
$[0; 100]$ - zugeordnet.

Aus der entstehenden Matrix wird dann eine "Basisverteilung" zusammengestellt,
die die Anzahl der Nahbereiche nach den 101 Indexklassen enthält. Diese zeigt,
welche Standortqualitäten insgesamt den wandernden Betrieben zur Verfügung
stehen, und zwar unter Verzicht auf die zeitliche Dimension: mit dieser Verteilung kann die entsprechende Verteilung der neuen Standorte der gewanderten Betriebe verglichen werden, und zwar - wenn der betrachtete Zeitraum
groß genug ist -, mit einer ausreichenden Anzahl von Wanderungsfällen, um
statistische Tests durchzuführen. Diese Basisverteilung enthält daher alle
Standortalternativen (nach ihren Konkurrenzindizes) für den zu betrachtenden
Zeitraum (z.B. für den gesamten Untersuchungszeitraum), obwohl ein Nahbereich
mit seinen Standortbedingungen z.B. im Jahre 1960 kein potentieller Standort
für eine Betriebswanderung im Jahre 1970 sein kann. Die vorgesehene Art der
Vergleiche als Querschnittsanalysen erscheint unter der Bedingung vertret-
bar, daß während des Untersuchungszeitraums eine ausreichende und ähnliche
Streuung an Standortalternativen besteht, wenn also die Basisverteilung,
die die Nahbereiche (nach ihren Konkurrenzindizes) in allen betrachteten
Jahren enthält, für einen beliebigen Teil des betrachteten Zeitraums keine
grundsätzlich andere Struktur zeigt. Dann könnte die in den erwähnten Vergleichen implizit enthaltene Annahme zeitlich konstanten Wanderungsverhaltens zur Geltung kommen.

Um diese (einfachsten) Bedingungen für die Vertretbarkeit der Vergleiche
nachzuprüfen, wurden Berechnungen durchgeführt; einige ausgewählte Ergebnisse sind in Abb. 4.4 dargestellt. Es kann daraus ersehen werden, daß zwar
Unterschiede in den relativen Häufigkeiten der 10%-Klassen des Konkurrenzindex für verschiedene Zeiträume nicht selten auftreten, daß aber eine Ähn-
lichkeit der Streuung und Form der Verteilungen gegeben ist. Die auftretenden Unterschiede in den relativen Häufigkeiten fallen jedoch für die mit der
Basisverteilung zu vergleichenden Verteilungen nicht ins Gewicht, da die

- 98 -

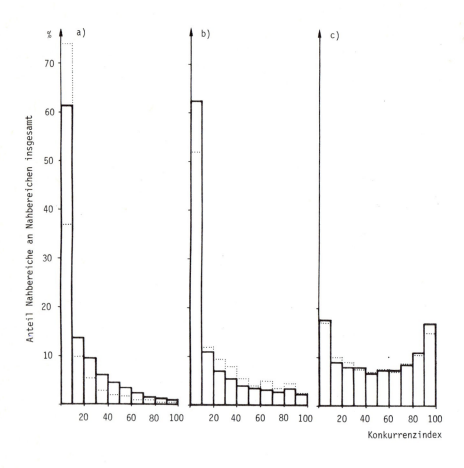

Abb. 4.4: Häufigkeitsdiagramme für die Nahbereiche insgesamt in den Jahren
1958 - 71 und ausgewählten Zeiträumen nach Konkurrenzindexklassen

Zeiträume: Konkurrenzindex Typ II

————————— 1958 - 71   Definition von Arbeitsplatzqualität:

.... a) 1958 - 62   a) K1111

.... b) 1968 - 71   b) S0110

.... c) 1963 - 67   c) K0001

Auswahl eines neuen Standortes den Annahmen gemäß nicht dadurch bestimmt
wird, wie häufig gewisse (Standort-)Konkurrenzbedingungen vertreten sind,
sondern welche Standortbedingungen zum Zeitpunkt der Entscheidung zum Standortwechsel tatsächlich vorhanden (in NRW vertreten) sind.

Die Tatsache, daß Konkurrenzindizes numerische Werte zwischen 0 und 100 an-
nehmen können, bedingt allerdings nicht notwendigerweise, daß diese gesamte
Spannweite an Indexwerten auch für jede Berechnung der Konkurrenzindizes
auftritt, wie aus der Abb. 4.4 interpretiert werden könnte. Deshalb ist die
Basisverteilung immer daraufhin zu prüfen, ob sie eine so ausreichende
Streuung aufweist, daß man realistischerweise davon ausgehen kann, daß regional differenzierte Unterschiede in der Ansiedlungsgunst in einer Weise
gegeben sind, die überhaupt als (inhaltlich) standortbestimmend angenommen
werden kann. Um zu verhindern, daß fehlende Auswahlmöglichkeiten im Zuge
der Überprüfung der Thesen interpretiert werden als "Konkurrenzindex bildet
keine standortbestimmenden Faktoren ab", was zu der Folgerung verleiten würde, daß bestimmte Kriterien, die im berechneten Konkurrenzindex abgebildet
sind, für die Standortwahl der jeweils untersuchten Gruppe von Betrieben
nicht relevant sind, werden alle Verteilungen zunächst daraufhin geprüft,
welche Streuung an Indexwerten auftritt. In der Regel wurden Basisverteilungen ausgeschieden, in denen der "beste" und "schlechteste" Indexwert bei 0
bzw. 5 lag, wobei der weitaus größte Anteil an Nahbereichen 0 Indexpunkte
aufweist. Dieser Fall ist z.B. gegeben bei den RASS-Gruppen 3 und 4 (s. Abb. 4.5
als Beispiel). Da diese RASS-Gruppen zum Teil hohe Indikatorwerte aufweisen, ist
der Anteil an Beschäftigten in den Nahbereichen, die Branchen mit noch höherer
Arbeitsplatzqualität aufweisen, in sehr vielen Nahbereichen gleich Null und
in anderen bei geringen Prozentwerten von weniger als 5 %. Inhaltlich kann
deshalb von einer die Standortwahl bestimmenden unterschiedlichen Verteilung
von Qualitätsniveaus nicht ausgegangen werden. Für den Konkurrenzindex Typ II
wurden die Auswertungen S1001 und S1010 ausgeschieden, da die Gesamtspann-
weiten der aufgetretenen Indexwerte weniger als 20 Punkte betrug.

Die die Arbeitsmarktsituation der Nahbereiche beschreibenden Konkurrenzindizes werden in einem Teil der Auswertungsläufe in einer Weise berechnet,
die neben dem Anteil der Beschäftigten in Branchen mit einem Mindestniveau
der Arbeitsplatzqualität (s. Definition der Konkurrenzindizes Typ I und II)
auch den industriellen Beschäftigtenanteil des größten Betriebes - unab-

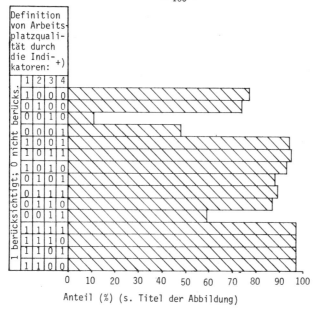

0   10   20   30   40   50   60   70   80   90   100

Anteil (%) (s. Titel der Abbildung)

Abb. 4.5: Anteil der Nahbereiche an den Nahbereichen insgesamt (1958-70),
die keine Beschäftigten in Branchen mit höherer Arbeitsplatzqualität als die RASS-Gruppe 3 aufweisen (dargestellt für den komplementaritätsorientierten Berechnungsansatz 1)

+) Indikator 1 - Veränderung der Beschäftigtenzahlen
2 - Anteil der Arbeiter
3 - Löhne
4 - Gehälter

hängig von seiner Arbeitsplatzqualität - angibt. Versuchsweise sollte damit
nachgeprüft werden, ob Konzentrationstendenzen der industriellen Beschäftigung das Standortwahlverhalten beeinflussen. In diesen Fällen wurde ein kombinierter Konkurrenzindex errechnet als Anteil der Beschäftigten in Branchen
über einem bestimmten Niveau der Indizes zur Arbeitsplatzqualität (in %)
+ Anteilswert des größten Betriebes (in %), dividiert durch 2, um den maximal erreichbaren Indexwert wieder auf 100 zu reduzieren. Dem Qualitätsniveau
der Arbeitsplätze und dem Konzentrationsgrad der industriellen Beschäftigung
auf einen Betrieb wurden damit bei diesen Auswertungen die gleiche Wirkungs-
richtung und das gleiche Gewicht für die Standortentscheidung unterstellt.

4.3.2 Die untersuchten Wanderungsgruppen

Der Basisverteilung, die aus den Konkurrenzindizes aller Nahbereiche aufgebaut wurde, die als potentielle Ansiedlungsmöglichkeiten für eine Gruppe von
standortwechselnden Betrieben definiert wurden, wurde zur statistischen Untersuchung des Wanderungsverhaltens eine Zuwanderungsverteilung gegenüberge-
stellt, die die Konkurrenzindizes derjenigen Nahbereiche enthält, die von
der Gruppe wandernder Betriebe als neue Standorte ausgewählt worden sind.
Jeder Nahbereich ist so häufig mit seinem Konkurrenzindex vertreten, wie er
Betriebsansiedlungen in dem betrachteten Zeitraum zu verzeichnen hat. Der
Vergleich der beiden Verteilungen erlaubt Aussagen dazu, ob Nahbereiche mit
hoher Ansiedlungsgunst, d.h. mit den niedrigsten vorhandenen Konkurrenzindizes,
Ziel betrieblicher Mobilität sind, oder ob die Auswahl neuer Standorte nach
dem Kriterium Arbeitsmarktverhältnisse zufällig in dem Sinne erfolgt, daß
die Verteilung der Indexwerte der als neue Standorte ausgewählten Nahbereiche der Verteilung der Indexwerte der Ansiedlungsmöglichkeiten insgesamt
entspricht. Aufgrund der Vermutung, daß die "bestgeeigneten" Ansiedlungsmöglichkeiten den wandernden Betrieben aufgrund mangelnder Informationen
möglicherweise gar nicht bekannt sind, und aufgrund von Forschungsergebnis-
sen[1], die besagen, daß die Standortwahl weniger darauf gerichtet ist, die
bestmögliche Ansiedlungsmöglichkeit zu finden, als eine, die die Standortanforderungen hinreichend erfüllt (und zwar nicht nur in bezug auf die Beschäftigungsmöglichkeiten von Arbeitskräften), werden auch Vergleiche zwischen der Zuwanderungsverteilung und der entsprechend erstellten Abwanderungsverteilung, die die Konkurrenzindizes der Nahbereiche umfaßt, die Ausgangspunkt betrieblicher Wanderungen sind, durchgeführt. Diese Vergleiche
dienen dazu, festzustellen, inwieweit die neuen Standorte gegenüber den Ab-
wanderungsstandorten eine günstigere Arbeitsmarktstruktur aufweisen. Läßt
sich nicht feststellen, daß die neuen Standorte insgesamt günstigere Arbeitsmarktbedingungen aufweisen, als in den aufgegebenen Nahbereichen anzu-
treffen sind, kann dann - zumindest mit den Methoden dieser Untersuchung -
nicht nachgewiesen werden, daß Arbeitsmarktbedingungen das Wanderungsverhalten beeinflussen.

Die Thesen, die im Rahmen dieser Untersuchung aufgestellt und geprüft wurden, behandeln nicht die Frage, inwieweit regionale Betriebsmobilität durch

---

[1] In Kap. 4.1 dokumentiert und diskutiert.

Mängel der Ausgangsnahbereiche in bezug auf den Arbeitsmarkt im Vergleich zu anderen Standortbedingungen verursacht wird. Der Aspekt eines Vergleichs der Struktur der Nahbereiche, von denen regionale Mobilität ausgeht, erschien von untergeordneter Bedeutung, da nicht unterstellt wird, daß die Entscheidung zur (teilweisen) Aufgabe des Standorts arbeitsmarktbedingt ist.

Da die statistisch erfaßte Struktur der Nahbereiche, betrachtet man sie im Jahre der Zuwanderung eines Betriebes, unter Umständen durch den wandernden Betrieb bereits verändert ist (das trifft in allen Fällen zu, in denen der Betrieb sich vor dem 1. September, dem Stichtag der Erhebung zur Industriestruktur der Nahbereiche, angesiedelt hat), wurden die Konkurrenzindexwerte des Jahres vor der Wanderung in die Zuwanderungsverteilung einbezogen; dies schien auch unter der Annahme sinnvoll, daß Standortentscheidungen in der Regel kaum im Jahr der Wanderung selbst getroffen werden oder aufgrund von Kenntnissen über die tatsächlichen wirtschaftsstrukturellen Standortverhältnisse zum Ansiedlungszeitpunkt zustande kommen dürften. Dementsprechend umfaßt die Basisverteilung nie die Standorte im Jahre 1971, da sie ja erst als potentielle Standorte für die Wanderungen im Jahre 1972 gelten, für die in dieser Untersuchung keine Daten vorliegen. Da nahbereichsspezifische wirtschaftsstrukturelle Daten erst ab 1958 zur Verfügung stehen, können aus denselben Gründen Betriebszuwanderungen erst ab 1959 (bis 1971) in die Auswertungen einbezogen werden. Die Zuwanderungsverteilung entspricht daher den als Untermenge aus der Basisverteilung tatsächlich gewählten neuen Standorten zum Zeitpunkt (Jahr) der getroffenen Wanderungsentscheidung. Sie ist mit der Basisverteilung direkt vergleichbar.

In ähnlicher Weise wurde jeweils eine Abwanderungsverteilung erstellt; sie enthält diejenigen Nahbereiche, die von Betrieben zugunsten eines anderen Standortes aufgegeben wurden. Diese Verteilung enthält nicht notwendigerweise - wie die Zuwanderungsverteilung - Nahbereiche, die auch Bestandteil der Basisverteilung sind. Betrachtet man z.B. als potentielle Standorte (d.h. als Basisverteilung) für eine Gruppe von wandernden Betrieben alle Nahbereiche, die nicht mehr als 15.000 Beschäftigte insgesamt aufweisen, so sind alle neuen Standorte dieser Größenklasse an der Bildung der Zuwanderungsverteilung beteiligt, auch wenn die zuwandernden Betriebe z.T. aus größeren Standorten stammen; dementsprechend enthält die Abwanderungsverteilung die aufgegebenen Nahbereiche - unabhängig von ihrer Zugehörigkeit zu einer Größenklasse. Da die Abwanderungsverteilung die Konkurrenzlage der aufgegebenen Nahbereiche widerspiegeln soll, ohne daß der abgewanderte Betrieb unter Umständen selbst als "Konkurrenz" gezählt wird, werden die strukturellen Daten für das Jahr nach der Wanderung für diese Verteilung benutzt. Dabei wird (wie bei der Zuwanderungsverteilung) in Kauf genommen, daß in der Zwischenzeit ab- bzw. zuwandernde Betriebe oder Expansions- bzw. Schrumpfungsprozesse in ansässigen Betrieben die Struktur des aufgegebenen Nahbereichs geändert haben könnten.

Die Auswahl der Wanderungsfälle, die die Zu- und Abwanderungsverteilung einer Auswertung bestimmen, wird jeweils dem Ziel der Analyse entsprechend nach Kriterien der RASS-Gruppenzugehörigkeit, der Errichtungsart des Betriebes, dessen Beschäftigtenzahl am Ende des Ansiedlungsjahres, seiner Wanderungsentfernung und der Größe des neuen Standortes vorgenommen.

Es ist zu beachten, daß die jeweils die Ab- und Zuwanderungsverteilung bestimmenden Wanderungsfälle nicht identisch sind. Um eine möglichst große Anzahl Wanderungsfälle und daher aufgegebene bzw. angesiedelte Nahbereiche in die Untersuchung einzubeziehen, wurden auch die über die Grenzen Nordrhein-Westfalens gewanderten Betriebe berücksichtigt (s. Tabelle 3.3, S. 14), die Zahl der Fälle ist deshalb in der Regel nicht für beide Verteilungen gleich; beide Verteilungen sind in gewisser Weise "unvollständig", da nicht für jeden Betrieb ein aufgegebener Standort in der Abwanderungsverteilung einem ausgewählten Nahbereich in der Zuwanderungsverteilung entspricht. Aus diesem Grund und auch aufgrund der zeitlichen Verschiebung sind Zu- und Abwanderungsverteilungen weniger wanderungsgruppen- als nahbereichsorientiert. Diese Verteilungen umfassen alle diejenigen Nahbereiche (insgesamt oder einer Größenklasse), die von Betrieben einer Gruppe aufgegeben oder als neue Standorte ausgewählt worden sind, nicht die Gesamtheit der "Standortpaare" (alte und neue Standorte) von gewanderten Betrieben. Deshalb ist es das Ziel, Tendenzen industrieller Mobilität nach dem Ansiedlungsverhalten zu bestimmen, nicht aber das Gefälle der Standortbedingungen zwischen alten und neuen Standorten der einzelnen wandernden Betriebe zu quantifizieren, wie es in der Untersuchung zum Einfluß der Infrastrukturausstattung der Fall war.

In Kap. 4.3.1 wurde festgestellt, daß die vorgesehenen Vergleiche als Querschnittsanalysen durchgeführt werden können. Dementsprechend umfaßt die Basisverteilung die Jahre 1958 bis 1970, die Zuwanderungsverteilung Konkurrenzbedingungen der Nahbereiche auch vom Jahre 1958 bis 1970 (also für Wanderungen zwischen den Jahren 1959 und 1971) und die Abwanderungsver-

Tabelle 4.5: Anzahl der berücksichtigten Auswertungen nach Wanderungsgruppen für Konkurrenzindizes vom Typ I und II

Wanderungsgruppe	Anzahl Auswertungen pro Gruppe für Betriebe ohne Berücksichtigung des Beschäftigtenanteils d. größten Betriebes			Konkurrenzindex Typ
	insgesamt	mit neuem Standort		
		unter 15000 Besch.	mit 15000 oder mehr Besch.	
	24	24	24	II
Verlagerungen	24	24	24	II
Zweigbetriebe	24	24	24	II
mit weniger als 50 Beschäftigten	24	24	24	II
mit 50 bis unter 100 Besch.	24	24	24	II
mit 100 oder mehr Beschäftigten	24	0	24	II
Nahwanderer	24	24	24	II
Fernwanderer	24	24	24	II
RASS 3	13	0	0	I
RASS 4	19	19[+]	19[+]	I
RASS 7	26	0	0	I
RASS 19	26	26[+]	0	I
RASS 4 Nahwanderer	19	0	0	I
RASS 19 Fernwand.	26	0	0	I
insgesamt	15	14[+]	10[+]	II
Verlagerungen	9	4[+]	4[+]	II
Zweigbetriebe	15	10[+]	4[+]	II
mit weniger als 50 Beschäftigten	12	8[+]	4[+]	II
mit 50 bis unter 100 Besch.	7	2[+]	0	II
mit 100 oder mehr Beschäftigten	3	0	0	II
Nahwanderer	10	6[+]	3[+]	II
Fernwanderer	13	9[+]	4[+]	II

(Linke Randbeschriftung oberer Abschnitt: Betriebe insgesamt)
(Linke Randbeschriftung unterer Abschnitt: Betriebe in RASS-Gruppen mit niedriger Qualität der Arbeitsplätze [++])

[+] Diese Auswertungen wurden wiederholt für Konkurrenzindizes unter Berücksichtigung des Beschäftigtenanteils des größten Betriebs wie in Kap. 4.3.1 dargestellt.

[++] Die Abgrenzung wurde vorgenommen wie in Kap. 4.3.1 dargestellt.

teilung die Standortbedingungen vom Jahr 1958 bis 1971 - d.h. für Abwanderungen in den Jahren 1957 bis 1970.

Die Tabelle 4.5 zeigt, welche Gruppen von Betrieben in dieser Untersuchung,
berücksichtigt wurden und wieviele Auswertungen für jede Gruppe (von jeweils
26 maximal vorgesehenen) durchgeführt wurden, in denen die in Kap. 4.3.1
erwähnte ausreichende Streuung der Standortalternativen sowie eine ausreichende Anzahl von Wanderungsfällen vorhanden war.

4.3.3 Das Auswertungssystem und seine Methoden

Um die vorgesehenen Auswertungen zu verwirklichen, wurde ein Programmsystem
mit einem festgelegten statistischen Datenbehandlungs- und Prüfungsrahmen
und austauschbaren Programm-Modulen entwickelt, um die jeder Auswertung zugrundeliegenden Daten aus den verschiedenen Dateien differenziert nach betrachteter Wanderungsgruppe (vgl. Tabelle 4.5) und verwendetem Konkurrenzindex (vgl. Übersicht 4.4) zu extrahieren. Der erste und variabel gestalt-
bare Teil des Systems hat die Aufgabe, die drei in Kap. 4.3.2 beschriebenen Verteilungen (Basisverteilung, Ab- und Zuwanderungsverteilung) in der
Form von Häufigkeiten nach 101 Klassen (eine Klasse ist ein je auf Integer-
zahl gerundeter Konkurrenzindexpunkt zwischen 0 und 100) für den späteren
nichtvariablen, nur durch Dateneingabe zu lenkenden zweiten statistischen
Auswertungsteil bereitzustellen. Der logische Ablauf des ersten System-
teils (Abb. 4.6) bedarf (in Verbindung mit Tabelle 4.5) folgender Erklärungen:

1. Die Wanderungsfälle wurden in zwei Dateien aufgeteilt (um möglichst
   viel Flexibilität zu gewährleisten) und zwar für Betriebe, die innerhalb Nordrhein-Westfalens gewandert waren, und für Fälle, die über die
   Grenze Nordrhein-Westfalens ab- bzw. zugewandert waren. Die Betrachtung
   einer oder beider Dateien mußte in den Laufdaten vorgegeben werden.

2. Für die gewanderten Betriebe insgesamt (heterogene Wanderungsgruppen)
   unter Verwendung eines Konkurrenzindex Typ II (s. Tabelle 4.5) spielte
   bei der Auswertung die RASS-Datei der Indikatoren keine Rolle; die Matrix der Branchen mit hoher Arbeitsplatzqualität (definiert je nach verwendetem Ansatz K oder S - s. Kap. 4.3.1) wurde direkt von der nach Jahren
   gespeicherten Branchendatei der Indikatoren hergestellt. Die Gruppenzugehörigkeit wird in einfacher Weise anhand der Wanderungsinformationen

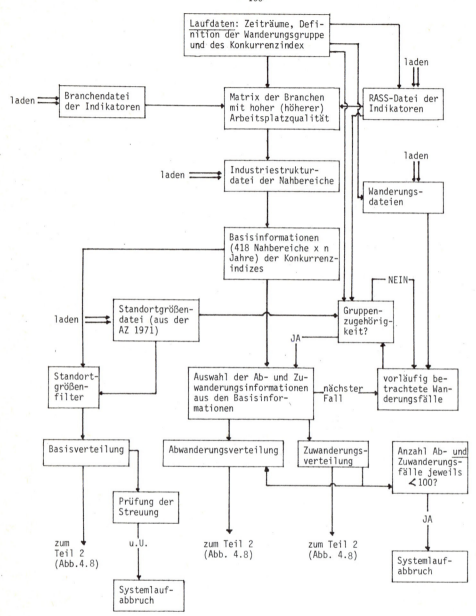

Abb. 4.6: Logischer Ablauf des ersten Teils des Auswertungssystems

nachgeprüft. In den Standortgrößenklassen berücksichtigenden Auswertungen
spielte bei der Herstellung sowohl der Basisverteilung als auch der Zuwanderungsverteilung eine Standortgrößendatei - aus Daten der AZ 1971 hergestellt - eine zusätzliche Rolle.

3. Für die RASS-gruppenspezifischen Wanderungsgruppen (gewanderte Betriebe
   insgesamt - Tabelle 4.5) ist die Anwendung der RASS-Datei der Indikatoren
   in Verbindung mit der Branchendatei der Indikatoren für die Herstellung
   der Basisinformationen aus der Industriestrukturdatei eine zusätzliche
   Notwendigkeit.

4. Wenn für Ab- und Zuwanderungsverteilungen jeweils weniger als 100 Fälle
   auftraten[1], wurde der Systemlauf abgebrochen. Es wurde angenommen, daß
   unter diesen Umständen keine zuverlässigen χ^2-Tests (Zuwanderung gegen
   Basis oder Zu- gegen Abwanderung) - als Ziel des Teils 2 des Systems -
   durchgeführt werden konnten.

5. Für die Auswertung des Verhaltens der gewanderten Betriebe in RASS-Gruppen mit jahresspezifischer niedriger Arbeitsplatzqualität in Verbindung
   mit Konkurrenzindizes Typ II (vgl. Tabelle 4.5) wurden alle in Abb. 4.6
   dargestellten Dateien verwendet - auch die Standortgrößendatei, wenn
   standortgrößenspezifisch ausgewertet wurde. Mit Informationen aus der
   Branchendatei der Indikatoren wurden jahresspezifisch in die Matrix der
   Branchen mit hoher Arbeitsplatzqualität die Branchen eingetragen, die -
   je nach Auswertungsart K oder S (s. Übersicht 4.4) - Indikatorwerte aufwiesen, die einzeln bzw. in Kombination über den in den Laufdaten vorgegebenen Schwellenwerten lagen. Derselbe Schwellenwert wurde benutzt in
   Verbindung mit der RASS-Datei der Indikatoren, um die RASS-Gruppen mit
   niedriger Arbeitsplatzqualität jahresspezifisch festzustellen; diese
   Kenntnisse wurden zusätzlich zur einzelnen Spezifizierung der Wanderungsgruppe (z.B. "Verlagerungen") bei der Prüfung der Gruppenzugehörigkeit
   der Wanderungsfälle angewandt. Daher konnte in keinem Falle - wegen der
   Kennzeichnung der RASS-Gruppen nach der Arbeitsplatzqualität der qualitätsmäßig günstigsten zugehörigen Branche (auch jahresspezifisch) - eine
   Branche als Konkurrenz der RASS-Gruppen mit niedriger Arbeitsplatzquali-

---

[1] An dieser Stelle soll nicht vergessen werden, daß auch die über die Grenzen
Nordrhein-Westfalens wandernden Betriebe in diesen Wirtschaftsteil der Untersuchung einbezogen wurden (s. Tabelle 3.2 und 3.3 auf S. 13 f). D.h., daß
insgesamt 1747 Wanderungsfälle mit 1207 Zuwanderungen nach und 1612 Abwanderungen aus Standorten in NRW (einschl. der internen Wanderung) untersucht
wurden.

tät gezählt werden, die zu diesen RASS-Gruppen gehört. Wäre die RASS-Gruppe
anders - z.B. mit einem gewogenen Durchschnittswert - mit einem (jahresspezifischen) Arbeitsplatzqualitätswert versehen gewesen, wäre dies nicht
der Fall gewesen.

Der zweite Teil des Auswertungssystems (dessen logischer Ablauf in Abb. 4.8
skizziert ist) führte eine Reihe von statistischen Analysen durch. Bevor diese
ausgeführt wurden, wurden aber alle drei Verteilungen, die in der erwähnten
Form von Häufigkeiten für 101 Klassen und daher mit vielen Schwellenwerten
vorlagen, die nicht als verhaltensanweisend interpretiert werden konnten,
(vgl. z.B. Abb. 4.9), "geglättet".

Dieser "Glättungsprozeß" wurde durch die Aggregation einer gewissen Anzahl
der ursprünglich berechneten 101 Klassen vorgenommen. Die Anzahl war nicht
eindeutig vorgegeben, sondern unterlag ins Auswertungssystem einzugebenden
Minimum- und Maximumwerten, wobei die steuernden Prinzipien der Glättung
erstens die Gleichstellung der Fläche und zweitens eine Minimierung der
Zunahme (Abnahme) der Steigung des mit dem so gebildeten Histogramm ver-
bundenen Wahrscheinlichkeitspolygons (siehe Abb. 4.7) sind. Durch Manipula-
tion der erwähnten Minimum- umd Maximumwerte konnte die Glättung "grob" oder
"fein" gestaltet werden. Das in Abb. 4.9 dargestellte graphische Beispiel
des Prozesses wurde mit einer Untergrenze von 4 und einer Obergrenze von 8
Konkurrenzindexpunkten für die Aggregation produziert. Da der Prozeß gewisse
Verteilungsanfangs- und insbesondere endschwierigkeiten bei der Erzeugung
einer inhaltlich vertretbaren Glättung in diesen Bereichen hat, traten manch-
mal (insbesondere bei "gröberen" Glättungen) für die Gleichstellung der
Fläche Annäherungsroutinen ein, die eine nachträgliche Oberprüfung und

A - In diesem Bereich ist die
Fläche gleichgestellt

B - aggregierte Klasse vom vor-
herigen Schritt

C - aggregierte Klasse (mit Un-
ter- und Oberbegrenzung der
Anzahl der zugehörigen einzelnen Indexpunktklassen),
die den Winkel α minimiert.

K - Konkurrenzindex

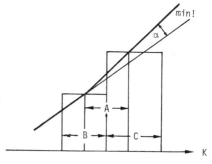

Abb. 4.7: <u>Darstellung der Glättungs-
prinzipien</u>

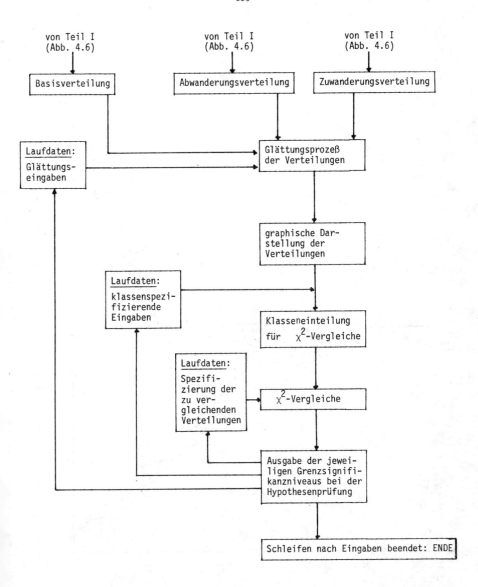

Abb. 4.8: Logischer Ablauf des zweiten Teils des Auswertungssystems

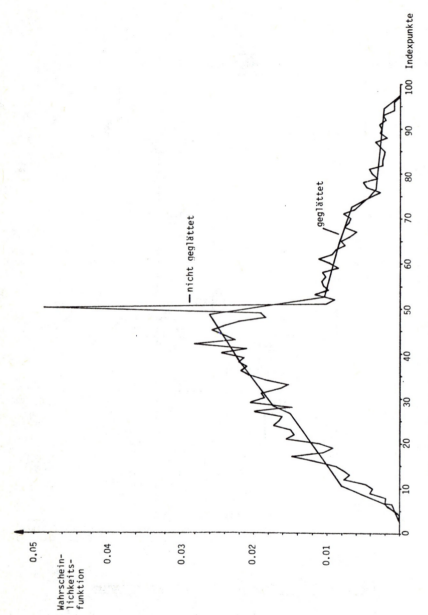

Abb. 4.9: Graphisches Beispiel der Wirkung des Glättungsprozesses

Korrektur der Gesamtfläche (mit Sollwert 1) notwendig machten. Für das in Abb. 4.9 dargestellte Beispiel war der nachträgliche Korrekturfaktor 1,00016 - die Mehrzahl der Läufe wies einen Faktor ähnlicher Größenordnung auf.

Nach einer Reihe von Versuchen mit verschiedenen Minimum- und Maximumangaben für die Aggregation und mit verschiedenen Verteilungen (aus der Testreihe von Tabelle 4.5) wurde entschieden, alle Auswertungen für vier Glättungsvorgänge zu wiederholen, und zwar für Minimum- bzw. Maximumwerte der Aggregation von einzelnen Konkurrenz-Indexpunktklassen von 1 bis 5, 4 bis 8, 2 bis 10 und 4 bis 15 aus den drei berechneten Verteilungen von 101 Klassen (siehe Abb. 4.6). Dies bildet die äußere Schleife in Abb. 4.8.

Da durch χ^2-Prüfungen der Verteilungspaare festgestellte Verteilungsunterschiede grundsätzlich verschiedene Bedeutungen haben können (erklärt in Kap. 4.3.4), waren zumindest grobe graphische Darstellungen der Verteilungen eine inhaltliche Notwendigkeit. Dies geschah mit Hilfe der Schnelldrucker, wie beispielsweise auf Abb. 4.10 dargestellt. Beim Auftreten von signifikanten Verteilungsunterschieden gehörte zum Auswertungsprozeß auf jeden Fall eine visuelle Nachprüfung der entsprechenden Darstellungen.

Nach der graphischen Darstellung unternahm das Auswertungssystem vorbereitende Arbeit für die durchzuführenden χ^2-Vergleiche jeweils zweier Verteilungen. Dazu wurde eine Verteilung als erwartete (theoretische) Vorgabe betrachtet, die andere als Stichprobe. Im Auswertungssystem waren alle möglichen paarweise bestimmten Vergleiche als durchführbar programmiert - wie aber in Kap. 4.3.2 erläutert, werden nur die "erwartete" Basisverteilung mit der (als Stichprobe betrachteten) "beobachteten" Zuwanderungsverteilung und die ("erwartete") Abwanderungsverteilung mit der (wiederum als Stichprobe betrachteten) Zuwanderungsverteilung verglichen. Es werden - wie üblich - χ^2-Werte als

$$\chi^2 = \sum_{i=1}^{F} \frac{(b_i - e_i)^2}{e_i} \qquad \begin{array}{l} b = \text{beobachtete Häufigkeit} \\ \\ e = \text{erwartete Häufigkeit} \end{array}$$

für F Klassen, i = 1 bis F, berechnet. Die Klasseneinteilung sollte so vorgenommen werden, daß zumindest die erwartete Häufigkeit jeder Klasse nicht weniger als 5 betrug. Daher mußte eine Klasseneinteilung vorbereitet sein, die möglichst regelmäßig war, aber andererseits diese Anforderung der minimalen Häufigkeit in einer Klasse erfüllte. Die zu vergleichenden Verteilungen wurden selbstverständlich gleich aufgeteilt. Dies geschah unter Anwen-

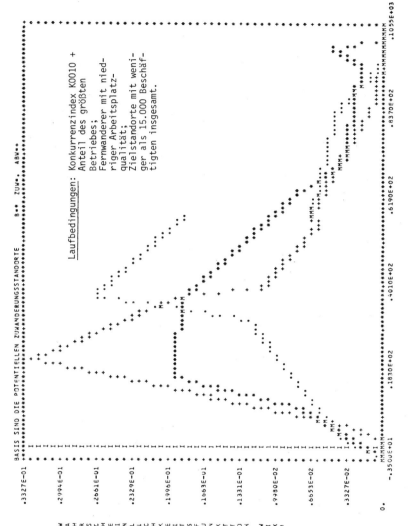

Laufbedingungen: Konkurrenzindex K0010 +
Anteil des größten
Betriebes;
Fernwanderer mit nied-
riger Arbeitsplatz-
qualität;
Zielstandorte mit weni-
ger als 15.000 Beschäf-
tigten insgesamt.

Abb. 4.10: Beispiel einer systemerzeugten Computergraphik der Verteilungen

dung der geglätteten Verteilungen, d.h. der schon in "optimale" Klassen ein-
geteilten Beobachtungen, wobei eine minimale Klassenanzahl von 10 als erforderlich betrachtet wurde. Da sich aber eine große Spannweite der Gesamthäufigkei-
ten der als Stichprobe betrachteten Verteilungen zeigte - als untauglich für
χ^2-Vergleiche wurden Verteilungen mit einer Gesamthäufigkeit von unter 100
Beobachtungen betrachtet - wurden für jeden Vergleich je nach Gesamthäufigkeit 3 Klasseneinteilungen realisiert, bei denen jeweils eine "Zielanzahl"
von gleichbreiten Klassen vorgegeben wurde und diese durch eine iterative Aus-
breitung der so gebildeten Klassen mit Häufigkeiten von weniger als 5 Beobachtungen - wenn vorhanden - entsprechend reduziert wurde. Die Zielangaben waren:

Für Häufigkeiten	Zielanzahlen der Klassen
von 100 bis unter 200	11, 17, 23
von 200 bis unter 300	11, 23, 34
von 300 bis unter 500	18, 29, 40
von 500 oder mehr	23, 34, 45

Dieses Vorgehen der Wiederholung des Glättungsprozesses und der für die χ^2-
Wertbildung notwendigen Klasseneinteilungen sollte jede mögliche Zufällig-
keit der Endentscheidung ausschließen, da aus den für jeden Vergleich resultierenden 12 Grenzsignifikanzwerten (4 Glättungsvorgänge mal 3 Klasseneinteilungen) der höchste Wert (also der "pessimistischste" für die jeweilige
inhaltliche These) als maßgebend entnommen wurde.

Für die entsprechende Anzahl der Freiheitsgrade wurden schließlich auf Basis
der χ^2-Verteilung Grenzsignifikanzniveaus produziert, die eine Entscheidungs-
grundlage dafür bilden, ob:

die Nullhypothese (H_0) - daß die als Stichprobe betrachtete (beobachtete)
Verteilung eine Stichprobe aus der erwarteten Ver-
teilung ist -

abgelehnt werden kann, und zwar zugunsten
der alternativen Hypothese (H_1) - daß die beobachtete Verteilung keine Stichprobe der erwarteten Verteilung ist.

Wird z.B. ein Grenzsignifikanzniveau von 8,35 % berechnet, kann H_0 auf der
10 %-Ebene zugunsten von H_1 abgelehnt werden; auf der 5 %-Signifikanzebene
kann jedoch H_0 nicht abgelehnt werden. Die inhaltlichen Konsequenzen und In-
terpretationen der Ergebnisse werden in Kap. 4.3.4 behandelt.

Die dreifache Klasseneinteilung und Wiederholung für verschiedene Vergleiche bildete die inneren zwei Schleifen des Auswertungssystems, wie in Abb. 4.8 dargestellt. Nach Beendigung des durch die Eingaben bestimmten Arbeitsprogramms wurde die (computerisierte) Auswertung abgeschlossen.

4.3.4 Die Interpretation der Ergebnisse

Die Auswertungsergebnisse des in Kap. 4.3.3 beschriebenen Programmsystems liefern zwei Anhaltspunkte dafür, ob die Standortwahl einer Gruppe von Betrieben in Abhängigkeit von ausgewählten Konkurrenzindizes, d.h. von der durch diese definierten Ansiedlungsgunst der Nahbereiche, ein Verhalten zeigt, das den aufgestellten Thesen entspricht, und zwar durch:

1. Die Ergebnisse der χ^2-Tests:

Die in diesen Tests ermittelten Grenz-Signifikanzniveaus geben an (unter dem Vorbehalt der gewöhnlichen Fehlerquellen solcher Angaben), mit welchem Prozentsatz der Wahrscheinlichkeit z.B. die als neue Standorte ausgewählten Nahbereiche eine (zufällige) Stichprobe der aufgestellten Basisverteilung darstellen.

Die Nullhypothese, die beim Vergleich der Basis- mit der Zuwanderungsverteilung inhaltlich besagt, daß Nahbereiche vergleichbarer Ansiedlungsgunst einen so großen Anteil an Zuwanderungen verzeichnen, wie ihrem Anteil an den Nahbereichen entspricht, kann auf einem bestimmten, exogen vorgegebenen Signifikanzniveau abgelehnt oder nicht abgelehnt werden. Die Ablehnung der Nullhypothese hat die inhaltliche Konsequenz, daß angenommen wird, daß die Auswahl der neuen Standorte "gezielt" und nicht "zufällig" vorgenommen wird.

Bei einem Vergleich der Ab- und Zuwanderungsverteilung läßt sich feststellen, ob Nahbereiche vergleichbarer Konkurrenzindizes einen ebenso großen Anteil an Zu- wie Abwanderungen zu verzeichnen haben, bzw. wie hoch die Wahrscheinlichkeit ist, daß auftretende Unterschiede in den Anteilswerten zufällig bedingt sind. Übersicht 4.6 zeigt, welche höchsten errechneten Grenz-Signifikanzniveaus auftraten in den Läufen, die in Tabelle 4.5 (auf Seite 104) dargestellt wurden. Es ist jeweils das höchste errechnete Grenz-Signifikanzniveau angegeben, das in den χ^2-Tests für jedes Verteilungspaar ermittelt wurde.[1]

---

[1] Für jeden Lauf wurden für jede Glättung der Verteilungen mehrere Tests mit unterschiedlicher Klassenbildung durchgeführt.

Übersicht 4.6: Ergebnisse der χ^2-Tests der Auswertungsläufe nach dem
höchsten errechneten Grenz-Signifikanzniveau

Höchstes errechnetes Grenz-Signifikanz-niveau in %[+]	prozentualer Anteil des Tests insgesamt für den Vergleich	
	Basis- und Zuwanderungsverteilung	Ab- und Zuwanderungsverteilung
bis unter 5	10.0	58.0
5 " " 10	3.2	3.8
10 " " 15	2.1	3.7
15 " " 20	1.3	2.0
20 " " 25	1.8	2.4
25 " " 30	1.8	2.4
30 " " 35	2.6	1.4
35 " " 40	2.5	1.4
40 " " 45	2.4	1.3
45 " " 50	2.1	0.8
50 " " 55	2.8	1.6
55 " " 60	4.5	0.6
60 " " 65	2.4	1.3
65 " " 70	3.0	0.5
70 " " 75	3.3	1.5
75 " " 80	4.2	1.6
80 " " 85	4.4	1.3
85 " " 90	6.0	3.0
90 " " 95	6.5	3.3
95 oder mehr	33.1	8.1
insgesamt	100.0	100.0

[+] Das in dem χ^2-Test ermittelte Grenz-Signifikanzniveau gibt an, mit welcher Wahrscheinlichkeit (in %) die Abweichungen zweier Verteilungen voneinander zufällig bedingt sind.

Einheitlich für jede Entscheidung wurde ein kritisches Signifikanzniveau
von 20 % festgelegt: alle Läufe, die für einen χ^2-Test 20 % oder mehr
Wahrscheinlichkeit dafür angeben, daß die Abweichungen zwischen zwei geprüften Verteilungen zufällig bedingt sind, lehnen somit die Nullhypothese
nicht ab: es kann nicht davon ausgegangen werden, daß Arbeitsmarktgesichtspunkte die Standortwahl der untersuchten Gruppe von Betrieben beeinflussen. Es wurde nicht der häufig verwendete Schwellenwert von 5 % Signifikanzniveau gewählt, auf dem die Ergebnisse besser abgesichert sind; auch
weniger "deutliche" Tendenzen sollten in dieser Untersuchung berücksichtigt werden, die für eine Analyse des Wanderungsverhaltens gewiß immer
noch von (regionalpolitischer) Bedeutung sind. Dabei wird in Kauf genommen, daß aus den 6,6 % (bei Vergleichen zwischen Basis- und Zuwanderungsverteilung) bzw. 9,5 % Läufen (bei Vergleichen der Abwanderungs- mit der Zuwanderungsverteilung) mit Grenz-Signifikanzniveaus zwischen 5 und 20 %
die Ergebnisse jedes fünften Laufs "falsch" interpretiert werden können,
weil Abweichungen als signifikant gelten, die bei restriktiver Beurteilung, d.h. bei einem kritischen Signifikanzniveau von 5 %, als zufallsbe-
dingt beurteilt werden müßten; in jedem Fall können weniger als 2 % der
ausgewerteten Läufe insgesamt solch "falscher" Interpretation unterliegen; da jedoch jeder Lauf in einen inhaltlichen Zusammenhang mit anderen gestellt werden kann, dürfte in diesen möglicherweise auftretenden
Fällen eine Kontrollmöglichkeit gegeben sein, die die "Oberinterpreta-
tion" der Ergebnisse solcher Läufe verhindert.

2. Die Art der signifikanten Abweichungen:

Für jeden χ^2-Test, für den die Nullhypothese auf dem 20 % Signifikanzniveau abgelehnt werden kann, werden die vom Auswertungssystem erstellten
Graphiken, die die drei Verteilungen enthalten, daraufhin geprüft, welcher Art die aufgetretenen Unterschiede zwischen den beiden jeweils zu
vergleichenden Verteilungen sind. Da mit zunehmenden numerischen Werten
der nahbereichsspezifischen Konkurrenzindizes die Standortgunst abnimmt,
wird erwartet - wenn die Konkurrenzsituation der Nahbereiche die Auswahl
der neuen Standorte beeinflußt -, daß die Zuwanderungsverteilung im Bereich der (relativ) niedrigen Konkurrenzindizes über der Basis- bzw. Abwanderungsverteilung liegt. Die Basis- bzw. Abwanderungsverteilung definiert das "erwartete" Verhalten einer Gruppe von Betrieben, wenn die
Zuwanderungsstandorte nicht nach Kriterien des Arbeitsmarktes, d.h. in
diesem Zusammenhang "zufällig" ausgewählt werden.

Die Thesen zum Verhalten der gewanderten Betriebe, nämlich daß wanderungs-
gruppenspezifisch oder zielortspezifisch (s. Tabelle 4.5, S. 104) die jeweils
verschieden definierte "Konkurrenzlage" der Nahbereiche eine signifikante
Rolle bei der Auswahl der neuen Standorte spielt, sind anhand der erklärten
formalen Hypothesentests nachzuprüfen. Die Nullhypothese (H_0), daß die als
empirisch betrachtete Verteilung eine zufällige Stichprobe aus der als erwartet betrachteten Verteilung ist, entspricht einer Falsifizierung der jeweiligen These, daß die - wie auch definierte - Konkurrenzlage der Nahbereiche das
Wanderungsverhalten nicht beeinflußt. Die alternative Hypothese (H_1), daß die
empirische Verteilung keine zufällige Stichprobe aus der erwarteten Verteilung bildet, könnte der These entsprechen, allerdings nur dann, wenn die
beiden geprüften Verteilungen sich zueinander verhalten, wie in Abb. 4.11
(a) dargestellt. Die Möglichkeit zur Ablehnung von H_0 (auf einem bestimmten
Signifikanzniveau) zugunsten einer Akzeptierung von H_1 aufgrund eines Einzel-
ergebnisses kann die These aber nicht bestätigen. Die These gilt dann (von
der empirischen Überprüfung her) nur als "nicht falsifiziert".

Liegt die Zuwanderungsverteilung bei den relativ hohen Konkurrenzindizes
über der Basis- bzw. Abwanderungsverteilung, und dementsprechend notwendigerweise bei den niedrigeren Konkurrenzindizes unter der Basis- bzw. Abwanderungsverteilung (siehe dazu Abb. 4.11(b)), so ist dieses Ergebnis als die
These verwerfend einzustufen.

Im Verlauf der Durchführung der Auswertungsläufe und der Prüfung der erstellten Graphiken zeigte sich, daß häufig ein dritter, seltener ein vier-
ter Typ von Verteilungspaaren auftrat (siehe Abb. 4.11(c) und (d)). Abweichungstyp 3 zeigt, daß sowohl Standorte mit niedrigen als auch sehr hohen
Konkurrenzindizes überproportional viele Zuwanderungen (im Vergleich zu den
vorhandenen Nahbereichen bzw. den Abwanderungen) auf sich ziehen. Abweichungstyp 4 zeigt, daß Nahbereiche mit "mittleren" Konkurrenzindizes überproportional viele Zuwanderungen (wiederum im Vergleich zu den Nahbereichen insgesamt
bzw. den Nahbereichen, die von Betrieben aufgegeben worden sind) zu verzeichnen haben.

Es besteht die Vermutung, daß möglicherweise der Aggregationsmodus von Betrieben zu Wanderungsgruppen den Abweichungstyp 3 verursacht: eine (weitere)
Disaggregation der Wanderungsgruppen, die die sektoralen Heterogenitäten der
betrachteten Wanderungsgruppe (z.B. der Verlagerungen insgesamt) deutlich
macht, führt unter Umständen (und es zeigte sich, daß dies in der Tat in ei-

(a) Abweichungstyp 1

W(x)

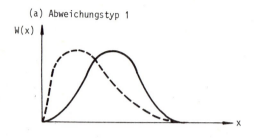

x

(b) Abweichungstyp 2

W(x)

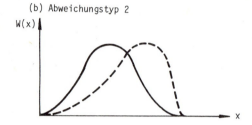

x

(c) Abweichungstyp 3

W(x)

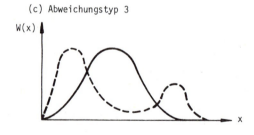

x

(d) Abweichungstyp 4

W(x)

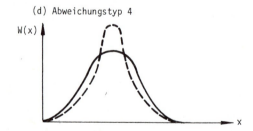

x

Abb. 4.11: Schematische Darstellung der Verläufe zweier zu vergleichender
Verteilungen nach Abweichungstypen

nigen Fällen möglich war) dazu, einer Teilgruppe ein die These falsifizierendes Standortverhalten nachzuweisen, während der andere Teil dieser Gruppe
sich der These entsprechend verhält.

Die Bevorzugung "mittlerer" Standortqualitäten seitens wandernder Betriebe
(Abweichungstyp 4) kommt möglicherweise dadurch zustande, daß einerseits Nahbereiche mit hohen Konkurrenzindizes als unattraktiv für eine Ansiedlung eingeschätzt werden, andererseits, daß die am besten geeigneten Standorte aber
deshalb nicht ausgewählt werden, weil den standortsuchenden Betrieben nicht
bekannt ist, wie "gut" Ansiedlungsmöglichkeiten überhaupt sein können; wenn
die Ansprüche an einen Standort im Bereich der mittleren Konkurrenzindizes
bereits erfüllt werden können, erübrigt sich die Suche nach einem Standort
mit noch besseren Arbeitsmarktbedingungen.

Im strengeren Sinn muß für eine Wanderungsgruppe, für die die in Abb. 4.11
(c) oder (d) dargestellten Untersuchungsergebnisse zutreffen, die These des
Einflusses der Arbeitsmarktverhältnisse bei der Entscheidung über einen
neuen Standort als falsifiziert gelten.

4.3.5 Erste Anwendung des Auswertungssystems

Als erste Anwendung des Auswertungssystems wurden Läufe zur Auswahl eines
geeigneten Schwellenwertes für die Bestimmung von Größenklassen der Nahbereiche durchgeführt. Diese bereits in Kap. 4.2.3 angesprochenen Testläufe
wurden für ausgewählte Definitionen von Arbeitsplatzqualität und den Konkurrenzindex Typ II durchgeführt. Vergleicht man die in Übersicht 4.7 dargestellten drei jeweils zusammengehörenden Läufe mit unterschiedlichen Schwellenwerten, so zeigen sich keine inhaltlich deutlichen Abweichungen der Grenz-Signifikanzniveaus für die unterschiedlichen Aufteilungen der Standorte in Größenklassen. Die meisten Läufe zeigen einheitlich keinen Anhaltspunkt dafür,
die Nullhypothese abzulehnen (die Grenz-Signifikanzniveaus von 100,00 % deuten
sogar eine sichere Identität der verglichenen Verteilungen an), sechs Läufe
zeigen wiederum einheitlich eine deutliche Ablehnung von H_0 (die auftretenden Nullprozentwerte implizieren die Gültigkeit der Aussage, daß die verglichenen Verteilungen sicherlich unterschiedlich sind). Aus diesen Läufen
lassen sich daher keine Bedenken gegen die Annahme eines Schwellenwertes von
15.000 Beschäftigten für die Trennung der Nahbereiche in zwei Größenklassen
ableiten.

Übersicht 4.7: Ergebnisse der χ^2-Tests für ausgewählte Größenklassen von Standorten (für die gewanderten Betriebe insgesamt)

Konkurrenz-index Typ II: Definition v. Arbeitsplatz-qualität	Größenklasse der Nahbereiche (nach Besch. insg.)	Höchstes errechnetes Grenz-Signi-fikanzniveau (%) f.d. Vergleich	
		Basis- u. Zu-wander.vert.	Ab- u. Zuwande-rungsverteilung
S0101	bis unter 10.000	100,00	0,00
	bis unter 15.000	99,96	0,00
	bis unter 20.000	99,95	0,00
	10.000 oder mehr	99,99	92,54
	15.000 oder mehr	98,25	92,10
	20.000 oder mehr	99,98	98,16
K0100	bis unter 10.000	100,00	99,91
	bis unter 15.000	100,00	98,47
	bis unter 20.000	100,00	99,96
	10.000 oder mehr	99,53	59,83
	15.000 oder mehr	100.00	99,22
	20.000 oder mehr	100.00	99,91
S1111	bis unter 10.000	99,48	0,00
	bis unter 15.000	99,81	0,00
	bis unter 20.000	100,00	0,00
	10.000 oder mehr	99,99	71,45
	15.000 oder mehr	99,98	79,78
	20.000 oder mehr	99,68	99,80

4.4 Die Ergebnisse der Auswertungen

4.4.1 Die Auswahl von Standorten aus der Gesamtheit der Ansiedlungsalternativen

Die in Kap. 4.1 dargestellte und begründete These, daß Betriebe Standorte bevorzugen, in denen möglichst wenige Beschäftigte über "gute" Arbeitsplätze verfügen, bildet, inhaltlich diversifiziert und für verschiedene Gruppen wandernder Betriebe geprüft, den Kern dieses Teils der Untersuchung: Mit zunehmenden nahbereichsspezifischen Werten der Konkurrenzindizes werden Nahbereiche - so impliziert die These - unterproportional häufig als neue Standorte ausgewählt.

Die Übersicht 4.8 - und die anschließende Übersicht 4.9 - stellen in zusammengefaßter Form alle Ergebnisse des zweiten Teils dieser Untersuchung dar. Die Darstellungen sind unvermeidbar außerordentlich kompliziert zu betrachten bzw. zu interpretieren, da der Leser bei der Interpretation zahlreiche (schon beschriebene), in sich auch komplizierte Definitionen stets berücksichtigen muß. Des weiteren gibt es insgesamt sieben Zeichen für die Ergebnisse, die einfachheitshalber zum Teil farbig gestaltet sind. Die Alternative, aufgeteilte, einzeln einfacher zu interpretierende Zusammenfassungen der Ergebnisse darzustellen, wurde abgelehnt, da ein besonderer Wert auf den Gesamtüberblick der Ergebnisse gelegt werden muß. Unter diesen Umständen ist es zu empfehlen, daß der Leser sich mit den Übersichten und den zugehörigen Erläuterungen (S. 155) in Zusammenhang mit den direkt unten eingeführten Erklärungen und wiederholten Angaben der wichtigsten Definitionen beschäftigt, bevor er in Kap. 4.4.1.1 und den darauf folgenden weiterliest.

Die "Ergebnisse"

Die Ergebnisse der Übersichten 4.8 und 4.9 bestehen aus einer Feststellung der Abweichung und des Abweichungstyps der jeweils zwei verglichenen Verteilungen der Konkurrenzindizes der Nahbereiche. Sie sind dargestellt in sieben Kategorien (s. S. 155):

1. Vergleich wegen zu geringer Zahl der Wanderungsfälle nicht durchgeführt; nur wenn 100 oder mehr Wanderungsfälle zu verzeichnen waren, fand der statistische Vergleich statt.

2. Vergleich wegen mangelnder Streuung der Konkurrenzindizes der
Nahbereiche nicht durchgeführt (s. Kap. 4.3.1,S.99).

3. Die Abweichung zwischen der aufgrund der Nullhypothese erwarteten
und der beobachteten Verteilung ist mit 20 % oder mehr Wahrscheinlichkeit zufällig bedingt; d.h., daß die Nullhypothese von der Nicht-
abweichung der Beobachtungsreihe von der erwarteten Verteilung nicht
abgelehnt werden kann - die These vom spürbaren Einfluß der nahbereichs-
bezogenen Arbeitsmarktsituation kann empirisch nicht bestätigt werden.

4. Die Abweichung zwischen der aufgrund der Nullhypothese erwarteten und
der beobachteten Verteilung ist mit mehr als 80 % Wahrscheinlichkeit
nicht zufällig bedingt; die Nullhypothese kann abgelehnt werden; bei
dieser Kategorie handelt es sich um den Abweichungstyp 2 (s. Abb. 4.11,
S. 118), der die These mit der erwähnten Wahrscheinlichkeit in jeder
Hinsicht falsifiziert.

5. Die Abweichung zwischen der aufgrund der Nullhypothese erwarteten und der
beobachteten Verteilung ist mit mehr als 80 % Wahrscheinlichkeit nicht
zufällig bedingt; die Nullhypothese kann abgelehnt werden; bei dieser
Kategorie handelt es sich aber um den Abweichungstyp 3 (s. Abb. 4.11,
S. 118), der eine zweifache Abweichung verzeichnet, erstens eine der
These entsprechende Abweichung im Bereich der niedrigeren Konkurrenzindizes der Nahbereiche und zweitens eine die These direkt falsifi-
zierende Abweichung im Bereich der hohen Konkurrenzindizes der Nahbereiche.

6. Die Abweichung zwischen der aufgrund der Nullhypothese erwarteten
und beobachteten Verteilung ist mit mehr als 80 % Wahrscheinlichkeit
nicht zufällig bedingt; die Nullhypothese kann abgelehnt werden; bei
dieser Kategorie handelt es sich aber um den Abweichungstyp 4 (s. Abb.
4.11, S. 118), der einen überproportionalen Anteil der jeweiligen
Wanderungsfälle im mittleren Bereich der Konkurrenzindizes der Nahbereiche aufweist.

7. Die Abweichung zwischen der aufgrund der Nullhypothese erwarteten und
beobachteten Verteilung ist mit mehr als 80 % Wahrscheinlichkeit nicht
zufällig bedingt; die Nullhypothese kann abgelehnt werden; bei dieser
Kategorie handelt es sich aber um den Abweichungstyp 1 (s. Abb. 4.11,
S.118), der die These einer Bevorzugung von Nahbereichen mit niedrigen
bzw. niedrigeren (je nach angewandtem Konkurrenzindex Typ) (s. unten)

Konkurrenzindizes mit der erwähnten Wahrscheinlichkeit bestätigt.

Die Konkurrenzindizes der Nahbereiche

Es gibt insgesamt vier Konkurrenzindextypen:

1. Konkurrenzindex Typ 1 (s. Kap. 4.3.1, S. 95)

Bei diesem Index wird die jeweils berücksichtigte Gruppe von wandernden Betrieben als "homogen" hinsichtlich ihrer Arbeitsplatzqualität
betrachtet. Diese Betrachtung führt zur Festlegung von gruppen- und
jahresspezifischen Schwellenwerten für die jeweils untersuchte Definition der Arbeitsplatzqualität. Der Konkurrenzindex eines Nahbereichs
ist dann der jahresspezifische Anteil in Prozent der industriellen Beschäftigung des Nahbereichs, der (nach Branchenzugehörigkeit) eine
höhere Arbeitsplatzqualität als die der wandernden Gruppe aufweist.
Die Basisverteilung der Konkurrenzindizes für alle Nahbereiche für alle
Jahre im Untersuchungszeitraum ist demnach für jede untersuchte Gruppe
und für jede Definition der Arbeitsplatzqualität unterschiedlich. Die
Zu- und Abwanderungsverteilungen werden aus den entsprechenden Untermengen der Beobachtungen der Basisverteilung aufgebaut, wobei die zu-
bzw. abgewanderten Standorte zum entsprechenden Zeitpunkt angesprochen
werden. Dieser Konkurrenzindex ist Gegenstand der Nachprüfungen von
Laufkomplex 3 der Obersichten 4.8 und 4.9.

2. Konkurrenzindex Typ 2 (s. Kap. 4.3.1, S. 96)

Dieser Index wurde für Gruppen von wandernden Betrieben entwickelt,
die nicht als "homogen" hinsichtlich ihrer Arbeitsplatzqualität betrachtet werden können, also für "heterogene" Gruppen. Jahresspezifische
Schwellenwerte für die jeweilige untersuchte Definition der Arbeitsplatzqualität wurden gebildet und der Konkurrenzindex eines Nahbereichs
als der jahresspezifische prozentuale Anteil der industriellen Beschäftigten im Nahbereich ermittelt, der (nach Branchenzugehörigkeit) eine
über den jeweiligen Schwellenwerten liegende hohe Arbeitsplatzqualität
aufweist. Die Basisverteilung der Konkurrenzindizes für alle Nahbereiche für alle Jahre im Untersuchungszeitraum ist demnach für jede
untersuchte Gruppe von wandernden Betrieben gleich, für jede Definition der Arbeitsplatzqualität jedoch unterschiedlich. Die Zu- und Abwanderungsverteilungen wurden aus den entsprechenden Untermengen der

Beobachtungen der Basisverteilung aufgebaut, wobei die zu- bzw.
abgewanderten Standorte zum entsprechenden Zeitpunkt angesprochen werden. Dieser Konkurrenzindex ist Gegenstand der Nachprüfungen sowohl
von Laufkomplex 1 als auch von Laufkomplex 2; bei letzterem wurde aber
die zusätzliche Bedingung eingeführt, daß die Zu- und Abwanderungsverteilungen nur Konkurrenzindizes der Zu- bzw. Abwanderungsnahbereiche von
Betrieben mit niedriger Arbeitsplatzqualität (bestimmt anhand der schon
erwähnten Schwellenwerte) enthalten. Die Anzahl der Wanderungsfälle ist
daher bei Laufkomplex 2 geringer als bei Laufkomplex 1.

3. Konkurrenzindex Typ 1 mit Einbeziehung des Anteils des größten Betriebes
   (s. Kap. 4.3.1, S. 99)

Bei diesem Index handelt es sich für einen Nahbereich um den arithmetischen Durchschnittswert eines Konkurrenzindex Typ 1 und des prozentualen Anteils der industriellen Beschäftigung des Nahbereichs, der zu
dem größten ansässigen Industriebetrieb des Nahbereichs gehört. Dieser
substitutiv wirkende Ansatz wurde - auch für die komplementären relati-
vierenden Beschreibungen der Arbeitsplatzqualität - bei den Vergleichen
des Laufkomplexes 5 (für die "homogen" betrachteten Wanderungsgruppen)
benutzt.

4. Konkurrenzindex Typ 2 mit Einbeziehung des Anteils des größten Betriebes
   (s. Kap. 4.3.1, S. 99)

Ähnlich wie im (letzten) Punkt 3 wurden auch die Konkurrenzindizes Typ 2
der Nahbereiche mit dem prozentualen Anteil des größten Betriebes an
der industriellen Beschäftigung insgesamt des jeweiligen Nahbereichs kom-
biniert und für die Vergleiche des Laufkomplexes 4 benutzt. Dieser Laufkomplex betrifft daher nur die Herkunfts- und Zielnahbereiche der Wanderung und die zur Auswahl stehenden potentiellen Nahbereiche der als
"heterogen" zu betrachtenden Wanderungsgruppen.

Stellungnahme zum Aussagewert der Ergebnisse

χ^2-Vergleiche wurden für Zuwanderungsverteilungen mit weniger als 100
Beobachtungen nicht durchgeführt. Jeder durchgeführte Vergleich wurde 12 mal
wiederholt für jeweils vier Glättungsvorgänge (s S. 108) und für wiederum
jeweils drei Klasseneinteilungen der Häufigkeiten für die χ^2-Tests (s.S. 113);

nur das "schlechteste" Ergebnis der 12 Vergleiche im Sinne einer Bestäti-
gung der These des Einflusses der Arbeitsmarktsituation auf industrielle
Wanderung wurde stets als "Ergebnis" übernommen. Der Glättungsprozeß selbst
wirkt einer zu starken statistischen Beeinflussung der Abweichungsergeb-
nisse durch einzelne (aus anderem Anlaß vielleicht besonders attraktive
bzw. unattraktive) Standorte entgegen. Eine Beeinflussung durch die Glät-
tungsmethode und durch die Anzahl der Klassen für die Ermittlung der zu vergleichenden Häufigkeiten für die χ^2-Tests wurde durch die Wiederholung berücksichtigt.

Von den auf dem 20 %-Signifikanzniveau abgesicherten Abweichungen waren
81 % auch auf dem 5 %-Niveau und 89 % auch auf dem 10 %-Niveau abgesichert.

Die Feststellung einer Abweichung z.B. zwischen der Basisverteilung und Zuwanderungsverteilung der Konkurrenzindizes der Nahbereiche deutet daher
eine statistisch sehr gut fundierte Tendenz an, ohne ihr Ausmaß zu quantifizieren. Z.B. wird in Übersicht 4.8, Laufkomplex 1 unter Benutzung der
Beschreibung S1110 der Arbeitsplatzqualität für die Zweigbetriebe eine
eindeutige Abweichung des Typs 1 festgestellt, die die These dieser Untersuchung von einer impliziten oder expliziten Berücksichtigung der Arbeitsmarktsituation seitens der wandernden Betriebe unterstützt. Dieses Ergebnis ist statistisch nicht zu bestreiten - kein Element von Zufall oder
Methode hat es beeinflußt. Zieht man andererseits den Lohnindikator (Indikator 3) von der Beschreibung ab (S1100) oder fügt man den Gehaltsindikator
(Indikator 4) hinzu (S1111), ist genauso unbestreitbar keine Abweichung
festzustellen. Hinsichtlich der Beschreibung S1110 der Arbeitsplatzqualität wird also ein Verhalten der wandernden Gruppe festgestellt, das in
Bezug auf die in NRW zur Verfügung stehenden potentiellen Zielorte - in
diesem Fall im Sinne einer Unterstützung der These der Untersuchung - nicht
zufällig ist. Im Falle der Beschreibungen S1100 und S1111 kann kein "geziel-
tes" Wanderungsverhalten festgestellt werden - die wandernden Betriebe vertei-
len sich über die zur Verfügung stehenden Standorte zufällig. Dies ist natürlich auch ein Ergebnis der Untersuchung, das bei der Interpretation eine
nicht unwesentliche Rolle spielen muß.

Hauptfrage der Interpretation eines der These entsprechenden Ergebnisses
ist die der Kausalität der angewandten Beschreibung der Arbeitsplatzqualität für das festgestellte Wanderungsverhalten. Hier muß noch einmal

die Logik des Ansatzes erörtert werden. Eindeutig ist, daß das Vorkommen
eines positiven Ergebnisses keine Kausalität zwischen der Arbeitsmarktsituation der Nahbereiche und dem Wanderungsverhalten beweist. Eine Kausalität wird aber hypothetisch angenommen. Dies äußert sich in der Form
der häufig im Bericht erwähnten These von der Rolle der Arbeitsmarktsituation hinsichtlich industrieller Wanderung. Der Schwerpunkt der Interpretation der vielfältigen Ergebnisse liegt daher nicht nur auf einer (kom-
parativen) Betrachtung einzelner Verteilungsvergleiche, sondern auch
auf der Lage, Verteilung und Häufigkeit des Vorkommens von thesenentspre-
chenden Ergebnissen in der Verflechtung der durchgeführten Tests. Nur
dieser Gesamtüberblick kann zu endgültigen, inhaltlich argumentierten
Schlüssen über die Kausalität führen, wobei "Mikro"-Betrachtungen (z.B.
der Rolle des Lohnindikators bei den oben diskutierten Ergebnissen
in Laufkomplex 1 (Übersicht 4.8) für die Zweigbetriebe unter Benutzung
der Beschreibungen S1100, S1110 und S1111) unterstützende Informationen
beitragen werden. Daher ist die Darstellungsform der komplizierten Übersichten 4.8 und 4.9 notwendig.

Nicht unerwähnt bleiben können in dieser Stellungnahme die direkt gegen
die These aussagenden Ergebnisse des Abweichungstyps 2; hier wird ein
Wanderungsverhalten festgestellt, das als - statistisch abgesichert -
nicht zufällig zu betrachten ist, das aber nicht nur die These nicht unterstützt (wie die Abweichungstypen 3 und 4), sondern die genau entgegen-
gerichtete Tendenz aufweist. Wiederum liefern bei diesen Fällen sowohl
"Mikro"-Betrachtungen als auch der Gesamtüberblick Interpretationsgesichts-
punkte, die argumentativ so zusammengefaßt werden, daß die oberflächlich
erscheinenden Widersprüche zur These zumindest zum Teil erklärt werden
können.

Es kann daher - auch im voraus - gesehen werden, daß der Wert der Untersuchung letzten Endes, trotz des hinter den Übersichten 4.8 und 4.9
stehenden erheblichen Rechenaufwands, sehr stark von der Plausibilität
der inhaltlichen Interpretation abhängt. Dieses Kap. 4.4.1 und das
nächste 4.4.2 stellen in starker Verbindung mit den Übersichten 4.8 bzw.
4.9 diese Argumentation dar. Die regionalpolitischen Implikationen der
Ergebnisse sowohl des infrastruktur- als auch des arbeitsmarktorientierten
Teils der Arbeit sind zusammenfassend in Kap. 5 dargelegt.

4.4.1.1 Das Wanderungsverhalten der Betriebe insgesamt

Da nachgewiesen wurde, daß die Werte der vier Indikatoren für die einzelnen Branchen nicht korrelieren, ist zu erwarten, daß die durch den Konkurrenzindex ausgedrückte Ansiedlungsgunst eines Standortes für unterschiedliche Definitionen von Arbeitsplatzqualität unter Umständen erhebliche
Differenzen aufweist. Möglicherweise finden sich nur wenige der aufgestellten komplementaritäts- oder substitutionsorientierten Ansätze zur
Bestimmung der Arbeitsplatzqualität, die die Standortalternativen in der
Weise bewerten, wie sie von den Unternehmen bei der Standortwahl in der
Tat explizit oder implizit berücksichtigt werden; notwendige Folge davon
könnte sein, daß einige Berechnungsarten des Konkurrenzindex in den Tests
zu Ergebnissen führen, die die These falsifiziert erscheinen lassen. Die
hier angewandte heuristische Methode, aus plausibel erscheinenden Annahmen zur unternehmerorientierten Bewertung von Beschäftigungsstrukturen
potentieller Standorte durch statistische Tests diejenigen ausfindig zu
machen, die nachweisbar entscheidungsrelevante Kriterien beinhalten,
könnte daher notwendigerweise zur Ablehnung von zumindest einigen der
getroffenen Annahmen führen, wenn einmal die Möglichkeit eines durchgehen-
den Nebeneinanderstehens von - durch die Korrelationsuntersuchung nach-
gewiesenen - verschiedenen, nicht zu falsifizierenden Erklärungshypothesen
ausgeschlossen wird. Die Ergebnisse der im folgenden besprochenen Auswertungen, die diese Möglichkeit auf den ersten Blick in der Tat ausschließen, sind dargestellt in der Übersicht 4.8 am Ende des Berichts.

Bei einem Überblick über die Ergebnisse des Laufkomplexes 1 (Übersicht
4.8) fällt auf, daß Verteilungsvergleiche der Konkurrenzindizes ohne Abweichung und mit dem Abweichungstyp 2 sehr häufig vertreten sind. Dies
läßt zunächst feststellen, daß das Wanderungsverhalten der untersuchten
Betriebsgruppen hinsichtlich der Mehrheit der durch die Beschreibungen
der Arbeitsplatzqualität aufgestellten Thesen als zufällig beurteilt
werden muß bzw. den entsprechenden Thesen direkt widerspricht. Die
sechs Vergleiche im substitutiven Bereich des Beschreibungsansatzes,
die ein für die wandernden Betriebe den Thesen entsprechendes Verhalten
abbilden, sind im Rahmen der Verflechtung der Ergebnisse dieses Laufkomplexes eher Ausnahmen. Da jedoch einerseits im Laufkomplex 1 das Verhalten der gewanderten Betriebe ohne Berücksichtigung der Qualität der
von ihnen angebotenen Arbeitsplätze untersucht wird, andererseits die

wichtigsten Thesen dieser Arbeit von einem Zusammenhang zwischen der Arbeitsplatzqualität in einer Gruppe wandernder Betriebe und nahbereichs-
spezifischen Anteilen an Beschäftigten in Branchen mit jeweils höherer
Arbeitsplatzqualität ausgehen, sind die Auswertungen des Laufkomplexes 1
hauptsächlich als Basis eines Vergleichs mit den korrespondierenden
Läufen des Laufkomplexes 2 gedacht, in dem das Verhalten der mobilen
Betriebe in RASS-Gruppen niedriger Arbeitsplatzqualität untersucht wird.
Dieser Vergleich dient dazu, festzustellen, ob die Ergebnisse der Verteilungsvergleiche die Annahme bestätigen, daß die standortspezifischen
Arbeitsmarktverhältnisse hauptsächlich für Betriebe mit niedriger Arbeitsplatzqualität ein zwingend zu berücksichtigender Faktor der Standortentscheidung sind. Sind z.B. die in einem Vergleich des Laufkomplexes 1
berücksichtigten Betriebe mehrheitlich von hoher Arbeitsplatzqualität,
wird nicht erwartet, daß deren Standortverhalten sich an Arbeitsmarktbedingungen (wie sie durch den Konkurrenzindex Typ 2 bestimmt werden)
orientiert, da solche Betriebe sich ihrer Anziehungskraft auf Beschäftigte
in vielen oder allen Standorten sicher sein können. Dementsprechend können
im Laufkomplex 1 Ergebnisse vom Abweichungstyp 2 auftreten, die besagen,
daß Nahbereiche mit konkurrenzintensiver Arbeitsmarktstruktur überproportional viele Wanderungen auf sich ziehen; die These gilt erst dann als
falsifiziert, wenn sich auch für Betriebsgruppen niedriger Arbeitsplatzqualität gleiche Verhaltenstendenzen zeigen; wie jedoch Übersicht 4.8
zeigt, tritt dieser Fall im Laufkomplex 2 nicht einmal auf - eine Abweichung des Typs 2 überhaupt nur einmal. Ein erheblicher Teil der Vergleiche, die im Laufkomplex 1 den Abweichungstyp 2 zeigen, weisen an
derselben Stelle im Laufkomplex 2 weniger als 100 Fälle auf, was eine
so wesentliche Reduzierung der Anzahl der Fälle bedeutet, daß dies allein
schon ein klares Indiz dafür ist, daß der Abweichungstyp 2 häufig dadurch verursacht wird, daß wandernde Betriebe mit hoher Arbeitsplatzqualität den Großteil der Gruppen in Laufkomplex 1 bilden.

Betrachtet man für den Laufkomplex 1 die gewanderten Betriebe insgesamt,
so zeigt sich eine gewisse Orientierung der Standortentscheidungen an den
Lohnhöhen (Indikator 3); zwar werden Standorte mit den niedrigsten errechneten Konkurrenzindizes nicht überproportional häufig ausgewählt, die
Nahbereiche mit hohem Lohnniveau (hohem Konkurrenzindex) jedoch sind ebenfalls unterproportional häufig Ziel von Wanderungen, während mittlere
Standortqualitäten als besonders attraktiv erscheinen (Abweichungstyp 4);

dies spricht für die Annahme der Auswahl nicht des besten, sondern
eines hinreichend gut geeigneten Standortes; Nahbereiche werden als
Ansiedlungsmöglichkeit immerhin nicht akzeptiert, wenn ihre Beschäftigungsstruktur auf ungünstige Konkurrenzverhältnisse hindeutet. Die Stand-
ortsuche wird aber vielleicht nicht so intensiv betrieben, daß die am
besten geeigneten Standorte den Entscheidungsträgern überhaupt bekannt
werden. Diese Tendenz der Bevorzugung mittlerer Standortqualitäten nach
dem einen Indikator Lohnhöhen läßt sich jedoch für keine der disaggre-
gierten Wanderungsgruppen im Laufkomplex 1 wieder nachweisen.

Untersucht man das Wanderungsverhalten der Betriebe insgesamt, sowie
differenziert nach Errichtungsart, Betriebsgröße, Wanderungsdistanz und
Größenklasse des neuen Standorts, bestimmt man die Ansiedlungsgunst der
Nahbereiche nach dem Konkurrenzindex vom Typ 2 und definiert man Arbeitsplatzqualität zunächst nur anhand jeweils nur eines der vier Indikatoren,
so zeigt sich, daß mit zunehmenden Beschäftigtenanteilen in Branchen
mit unterdurchschnittlichen Schwankungen der Beschäftigtenzahlen (Indikator 1) die Ansiedlungshäufigkeit insgesamt steigt - ein besonders uner-
wartetes Verhalten vor dem Hintergrund der These, daß ein Nahbereich nicht
nur umso attraktiver für Ansiedlungen wird, je ungünstiger die vorhandenen Arbeitsplätze von den Beschäftigten beurteilt werden, sondern daß in
Nahbereichen mit einem niedrigen Konkurrenzindex für diesen Indikator
zuwandernde Betriebe auch deshalb leichter ihre Nachfrage nach Arbeitskräften befriedigen können, weil das Potential der "freien" Arbeitskräfte
größer ist als in Standorten mit stabiler Beschäftigungslage. Insbesondere
Betriebe mit weniger als 50 Beschäftigten bevorzugen Nahbereiche, die nach
diesem Indikator als ungünstig beurteilt werden.

Inwieweit die in den Nahbereichen ansässigen Betriebe arbeiter- oder
angestelltenorientierten Branchen angehören (Indikator 2), scheint die
Attraktivität der Standorte für Zuwanderungen nicht zu beeinflussen -
die neuen Standorte der Betriebe insgesamt entsprechen in ihren Konkurrenzindizes nach diesem Indikator in ihrer Gesamtheit den Nahbereichen
insgesamt. Als einzige Wanderungsgruppe zeigen die Betriebe mit einer
Wanderungsdistanz von weniger als 20 km ein der entsprechenden These
entgegengesetztes Verhalten für diesen Indikator.

Beschreibt man die nahbereichsspezifischen Arbeitsmärkte anhand des
Indikators 4 (Gehalt pro Angestellten), so zeigt sich, daß mit zunehmendem
Konkurrenzdruck in einem Nahbereich hinsichtlich der Höhe der Gehälter

(für die Betriebe insgesamt im Laufkomplex 1) kein Verlust an Stand-
ortattraktivität verbunden ist; mit steigendem Anteil an Beschäftigten
in Branchen mit überdurchschnittlichen Gehaltszahlungen steigt die
Zuwanderungshäufigkeit - vorzugsweise verlagernde Betriebe und solche
mit 100 oder mehr Beschäftigten siedeln sich in Standorten mit einem hohen
Beschäftigtenanteil der Branchen mit hohen Gehältern an; vielleicht ist
das dadurch zu erklären, daß Angestellte mobil in Hinsicht auf Arbeits-
platzwechsel über die Grenzen von Wirtschaftsbereichen sind, daß Gehälter
in der Industrie möglicherweise im Durchschnitt höher liegen und daß der
Bedarf an Angestellten deshalb unter Umständen aus Quellen gedeckt werden
kann, die in dieser Untersuchung in der Beschreibung der Arbeitsmarktsituation nicht berücksichtigt werden; Standortalternativen unter Verwendung nur dieses Indikators wären also nicht in einer dem Entscheidungsverhalten der gewanderten Betriebe entsprechenden Weise abgebildet.

Es ist auch möglich, daß Standorte mit hohem Gehaltsniveau zugleich tendenziell ein hinreichend günstiges (niedriges) Lohnniveau aufweisen; da
in der Kostenstruktur der Unternehmen die Lohnausgaben die Gehaltszahlungen eindeutig übersteigen[1], ist das Gehaltsniveau von Nahbereichen als
Standortfaktor vielleicht zweitrangig.

Definiert man die Qualität von Arbeitsplätzen durch die Werte von mehr
als einem Indikator, die einzeln daraufhin abgeprüft werden (im K-Bereich
in Übersicht 4.8), ob die Werte über dem entsprechenden Medianwert für
die Branchen insgesamt liegen, so zeigt sich, daß der partielle "Erklärungswert" des Indikators 3 (Löhne) nicht mehr zum Ausdruck kommt; in
keinem Fall werden die laut These jeweils als günstige Ansiedlungsmöglichkeiten definierten Nahbereiche überproportional häufig als neue
Standorte ausgewählt; auch wenn die Abweichungen zwischen Basis- und Zuwanderungsverteilung nicht als zufällig eingestuft werden, was für die
Betriebe insgesamt in 4 der 11 Vergleiche der Fall war, widersprechen
die festgestellten Tendenzen des Wanderungsverhaltens der These von einer
Bevorzugung von Standorten geringer Konkurrenz im Bereich der Löhne.
Bei dem Komplementaritätsansatz (K) für Laufkomplex 1 werden Wanderungs-
entscheidungen nicht zugunsten von Nahbereichen gefällt, die nach allen
angewandten Definitionen von Arbeitsplatzqualität und den daraus resultierenden Konkurrenzindizes als geeignet für die Ansiedlung von Betrieben anzusehen sind.

---

[1] Z.B. war die im Jahr 1964 von der Industrie Nordrhein-Westfalens insgesamt
im Monatsdurchschnitt gezahlte Lohnsumme um mehr als das Doppelte höher
als die Gehaltssumme (DM 1,59 Mrd. zu 0,62 Mrd.).

Bei der Berechnung der Konkurrenzindizes aus addierten Indikatorwerten, die Substitutionsmöglicheiten der einzelnen Indikatoren gegeneinander berücksichtigen (Beschreibungsmodus S in Übersicht 4.8), zeigt sich für einen Auswertungslauf (S1011), daß die wandernden Betriebe insgesamt zum einen in Nahbereiche mit günstiger Beschäftigungsstruktur für die zuwandernden Betriebe tendieren, daß aber zum anderen auch in diesem Sinne weniger geeignete Standorte überproportional viele Ansiedlungen auf sich ziehen, während die mittleren Standortqualitäten kein bevorzugtes Ziel von ansiedlungswilligen Betrieben sind (Abweichungstyp 3). Eine eindeutige Bevorzugung von Standorten mit hohen Konkurrenzindizes zeigt sich in 4 von 9 durchgeführten Läufen (S0111, S0011, S1101 und S1111) für die Betriebe insgesamt, während ebenso viele nicht signifikante Abweichungen erbracht wurden bzw. eine bestimmte Verhaltensweise nicht nachgewiesen werden konnte.

Gliedert man einzelne Gruppen von Betrieben je nach Errichtungsart oder Betriebsgröße aus, so zeigt sich, daß Verlagerungen häufiger als Zweigbetriebe Standorte, die - laut These - von der Arbeitsmarktlage her ungünstig zu beurteilen sind, wählen; lediglich eine Definition von Arbeitsplatzqualität (S1110) und die daraus resultierenden nahbereichsspezifischen Konkurrenzindizes (für die der entsprechende Auswertungslauf für die Betriebe insgesamt keine signifikanten Abweichungen der Zuwanderungs- von der Basisverteilung aufwies), scheinen den Beurteilungskriterien beider Betriebsgruppen partiell bzw. voll zu entsprechen, wobei die Zweigbetriebe eindeutig die Standorte mit höherer Ansiedlungsgunst (niedrigen Konkurrenzindizes) bevorzugen, während die Verlagerer mittlere Standortqualitäten überproportional häufig auswählen.

Zweigbetriebe scheinen auf die Arbeitsmarktlage im allgemeinen stärker in der erwarteten Weise zu reagieren; für die Verteilungsvergleiche für die Gruppe der Verlagerungen kommt der Abweichungstyp 2 insgesamt achtmal vor. Sieben dieser Vergleiche aber beinhalten den Indikator 4 (Gehaltsniveau), für den - wenn allein betrachtet - die Betriebe und die Verlagerungen insgesamt ein direkt gegen die These wirkendes Verhalten aufweisen. Innerhalb des Rahmens der Kriterien für die Vergleiche des Laufkomplexes 1 kann daher ausgesagt werden, daß Zweigbetriebe viel ausgeprägter als Verlagerungen die Arbeitsmarktlage bei der Auswahl eines neuen Standortes

berücksichtigen. Des weiteren kann geschlossen werden, daß der Indikator
der Gehaltsniveaus (Indikator 4) bei der Beschreibung der angebotenen bzw.
in einem Standort bestehenden Arbeitsplatzqualität, wenn er - wie in den
Vergleichen der Übersicht 4.8 - gegenüber den anderen angewandten Indikatoren als gleichgewichtig betrachtet wird, eher als eine Mißrepräsentation
der Arbeitsplatzqualität erscheint. Dieser Schluß, der sowieso auf einer
hypothetisch aufgestellten, aber dann widersprochenen Kausalität des Gehaltsniveaus für industrielle Wanderung beruht, kann vorläufig aber auf
weiter disaggregierte, sektoral definierte Wanderungsgruppen nicht übertragen werden.

Unterscheidet man die gewanderten Betriebe insgesamt nur nach der Zahl
ihrer Beschäftigten am Ende des Ansiedlungsjahres, einem "unsicheren" Kriterium, da es nicht die geplante, sondern nur die zu einem erhebungstech-
nisch, nicht inhaltlich bedingten Zeitpunkt ermittelte Betriebsgröße enthält, so zeigt sich, daß für die Betriebe mit 100 oder mehr Beschäftigten
die Standorte am geeignetsten erscheinen, die nach den Indikatoren Fluktuation der Beschäftigten, Löhne und Gehälter die geringsten Anteile an
Beschäftigten in Branchen mit hoher Qualität - in der Summe dieser drei
Indikatoren (S1011) - aufweisen, während die Beschreibung S1110 kein spezifi-
sches Wanderungsverhalten aufweist. Betriebe mittlerer Größe (50 bis unter
100 Beschäftigten) zeigen in keinem Vergleich der Konkurrenzindizes signifikante Abweichungen zwischen Basis- und Zuwanderungsverteilung (ihr Wanderungs-
ziel erscheint daher nach jeder Beschreibung der Arbeitsplatzqualität zufällig ausgewählt zu sein), während Betriebe mit weniger als 50 Beschäftigten in ihrem Wanderungsverhalten von der Gesamtheit aller Betriebe abweichen insofern, als bei den Lohn- und Gehaltsindikatoren - sowohl einzeln
betrachtet als auch in additiven Verbindungen mit anderen Indikatoren
(S1111, S1101) - keine signifikanten Abweichungen zwischen Basis- und
Zuwanderungsverteilung mehr auftreten; es ist jedoch auch für den Vergleich unter Anwendung der Beschreibung S1110 eine Wanderungstendenz in
Standorte mittlerer Ansiedlungsgunst festzustellen, die für die Betriebe
insgesamt nicht nachgewiesen werden kann.

Die Unterscheidung nach der zurückgelegten Distanz (Betriebe, deren Entfernung zwischen altem und neuem Standort weniger bzw. mehr als 20 km beträgt, werden als Nahwanderer bzw. Fernwanderer bezeichnet) führt zu einer
gewissen Diversifizierung von Ergebnissen, d.h. zur Bestimmung von gewissen gruppenspezifisch wirkenden Standortqualitäten. Nach dem Indikator

Löhne - allein betrachtet - zeigt sich keine signifikante Abweichung
mehr - wie für die Betriebe insgesamt ermittelt - für das Wanderungsverhalten beider Gruppen. Wiederum zeigen die Ergebnisse eine direkt der
These entgegenwirkende Berücksichtigung des Gehaltsniveaus allein für Nah-
und Fernwanderer; ebenso - und dann natürlich nicht überraschend -,
wenn das Lohn- und Gehaltsniveau in komplementärem Zusammenhang untersucht wird. Mit diesen Ausnahmen und mit Ausnahme der Beschreibung S1101
der Arbeitsplatzqualität kommen der These direkt entgegenwirkende Ergebnisse für die Nahwanderer nur bei der komplementären Beschreibung, für die
Fernwanderer nur bei der substitutiven Beschreibung der Arbeitsplatzqualität vor. Sind daher Nahwanderer eher bereit, substitutiv - vielleicht
wegen sehr guter Kenntnisse des beabsichtigten neuen Standorts - zu
"denken" und zu entscheiden? Ein der These entsprechendes Ergebnis (Abweichungstyp 1) kommt bei dem Beschreibungsansatz S1011 (der Vergleich
bei S1010 - d.h. ohne Gehaltsniveau - konnte wegen zu geringer Streuung
leider nicht durchgeführt werden) doch vor. Aber auch bei der Beschreibung
S1110 der Arbeitsplatzqualität ist eine signifikante Abweichung vom Zu-
fälligen zu verzeichnen; hier bevorzugen die Nahwanderer neue Standorte
im mittleren Konkurrenzbereich (Abweichungstyp 4); bei dieser Beschreibung
kommt jedoch für die Fernwanderer ein der These direkt entsprechender Vergleich vor (Abweichungstyp 1). Die Implikation dieser Ergebnisse ist,
daß - unter der Annahme der Kausalität der Beschreibung für die Wanderung -
Fernwanderer eindeutig neue Standorte bevorzugen, die einen hohen Arbeiteranteil an der gesamten industriellen Beschäftigung haben (Indikator 2).
Da die Statistik zu den gewanderten Betrieben keine Angaben zur "Arbeiter-
intensität" enthielt, waren die Verfasser nicht in der Lage, dieses differenzierte Verhalten weiter zu untersuchen.

Werden zwei Gruppen von gewanderten Betrieben nach der Größenklasse (ab
und unter 15.000 Beschäftigten insgesamt) des ausgewählten Standorts definiert und werden nicht mehr alle Nahbereiche, sondern nur die Nahbereiche
einer Größenklasse als potentielle Standorte betrachtet, so zeigen sich
für fast alle Definitionen des Konkurrenzindex keine signifikanten Abweichungen der Zuwanderungs- von den Basisverteilungen. Es konnten lediglich vier signifikante Abweichungen (zwei des Typs 1 und zwei des Typs 2)
festgestellt werden, wobei die zwei des Typs 1, also die in Richtung einer
Nichtfalsifizierung der jeweiligen entsprechend formulierten positiven
Thesen auch (wie alle anderen im Laufkomplex 1) im Bereich des Substitutionsansatzes 2 liegen.

Es ist festzuhalten, daß das Verhalten der gewanderten Industriebetriebe in Laufkomplex 1 als tendenziell wichtig zu nennenden Faktor das
Lohnniveau in den Nahbereichen berücksichtigt, daß eine komplementaritätsorientierte Betrachtungsweise von Arbeitsplatzqualität jedoch keine Be-
stätigung der These mit sich bringt; vielmehr scheint das Wanderungsverhalten von der Berücksichtigung mehrerer Faktoren bestimmt zu sein, die
sich gegenseitig in ihrer Wirkung substituieren können (s. insbesondere
die Spalte der Ergebnisse in Übersicht 4.8 für den Ansatz S1110), wobei
den nahbereichsspezifischen Gehaltsniveaus, so wie sie in dieser Untersuchung bestimmt wurden, die geringste Relevanz, vielleicht auch eine
"störende" Rolle bei den kombinierten Beschreibungsansätzen zukommt;
überraschend ist, daß bereits der erste Laufkomplex einige Tendenzen der
Standortwahl aufzeigt, die den aufgestellten Thesen entsprechen, obwohl
angenommen werden könnte, daß die in Laufkomplex 1 zu erheblichem Anteil
einbezogenen Betriebe mit hoher Arbeitsplatzqualität, die wahrscheinlich
weniger auf die Beschäftigungsstruktur der Nahbereiche zu reagieren ge-
zwungen sind, jegliches Feststellen eines bestimmten Wanderungsverhaltens
verhindern.

4.4.1.2 Das Wanderungsverhalten von Betrieben niedriger Arbeitsplatzqualität

Die bisher aufgeführten Ergebnisse bezogen sich auf die Betriebe insgesamt
bzw. auf alle nach ihrer Arbeitsplatzqualität nicht weiter untergliederten
Betriebe einer Wanderungsgruppe. Im folgenden sollen nur die neuen Standorte von gewanderten Betrieben aus RASS-Gruppen betrachtet werden, die
keinen Industriezweig (der vierstelligen Systematik) beinhalten, der "überdurchschnittliche" Werte für diejenigen Indikatoren aufweist, die in die
jeweilige Beschreibung der Arbeitsplatzqualität einbezogen werden. Die
Konkurrenzindizes der Standorte werden in gleicher Weise wie in den vorher
beschriebenen Verteilungsvergleichen des Laufkomplexes 1 bestimmt und geben damit den Anteil an Beschäftigten der Nahbereiche wider, der über
bessere Arbeitsplätze verfügt, als die wandernden Betriebe den Nahbereichen anbieten können.

Eine große Zahl der Vergleiche dieses Laufkomplexes 2 weist keine ausreichenden Wanderungsfallzahlen für die χ^2-Auswertung auf (s. Übersicht 4.8);
trotzdem sind Tendenzen einer stärkeren Einflußnahme der durch die Konkurrenzindizes beschriebenen Arbeitsmarktsituation im positiven Sinne

einer Geltung der Thesen dieser Untersuchung noch erkennbar: nur noch
bei einem Vergleich wird ein Wanderungsverhalten nachgewiesen, das der
Formulierung der entsprechenden These direkt zuwiderläuft (S1011 für
Zweigbetriebe). Nur vier Beschreibungen der Arbeitsplatzqualität führen
überhaupt zu signifikanten Abweichungen zwischen den Zuwanderungs- und
Basisverteilungen der Konkurrenzindizes; dies sind K0100 (Arbeiteranteil
als alleinige Beschreibung), K0010 (Lohnniveau als alleinige Beschreibung),
S1011 und S1110. Die anderen Ergebnisse zeigen z.b. für die Vergleiche mit
den Konkurrenzindexdefinitionen K0001, S0111, S0011, S1101 und S1111
nur nichtsignifikante Abweichungen, während für die Betriebe insgesamt
in Laufkomplex 1 - auch nach Errichtungsart und Betriebsgröße differenziert - das Verhalten nachgewiesen werden konnte, daß Nahbereiche mit ungünstiger Arbeitsmarktlage überproportional häufig als neue Standorte ausgewählt wurden. Die in Laufkomplex 1 zusätzlich einbezogenen Betriebe mit
hoher Arbeitsplatzqualität können es sich also offensichtlich leisten, in
bezug auf die Beschäftigungsstruktur nachteilig beurteilte Nahbereiche
als Standorte anzunehmen, während dies den weniger konkurrenzfähigen
(in bezug auf den Arbeitsmarkt) nicht in gleichem oder ähnlichem Maße möglich zu sein scheint.

Der Indikator Arbeiteranteil scheint für die Betriebe mit unterdurchschnittlicher Qualität der Arbeitsplätze von (angenommener) kausaler Bedeutung
für die Wahl des neuen Standortes zu sein, und zwar sowohl für verlagernde und
(zunächst noch) kleine Betriebe als auch für die Betriebe unterdurchschnittlicher Arbeitsplatzqualität insgesamt, wenn nach Standortgrößenklassen
differenziert wird, während das Lohnniveau für die Bestimmung der Standortgunst nur noch eine relativ geringe Bedeutung zeigt; hauptsächlich ist es
für die Betriebe relevant, die sich in großen Standorten ansiedeln, diese
wählen aus der Gesamtheit der Nahbereiche mit 15.000 oder mehr Beschäftigten
diejenigen überproportional häufig aus, die ein möglichst geringes Lohnniveau aufweisen.

Die im Sinne dieser Untersuchung wiederum den Thesen entsprechend erwarteten
Ergebnisse des Beschreibungsansatzes S1110 für den Laufkomplex 2, also des
Substitutionsansatzes unter Ausschluß des Indikators Gehälter, kommen in
der Übersicht 4.8 klar zum Ausdruck.

Ein Vergleich der Laufkomplexe 1 und 2 zeigt, daß Betriebe mit unterdurchschnittlicher Arbeitsplatzqualität (mit Ausnahme der Zweigbetriebe)
mehr Sorgfalt bei der Auswahl eines neuen Standortes anzuwenden scheinen,
da in den als neue Standorte ausgewählten Nahbereichen Vorteile in einigen
Bereichen des Arbeitsmarktes nicht mit so starken Nachteilen in anderen
verbunden sind, wie es für die Betriebe ohne Berücksichtigung ihrer Arbeitsplatzqualität der Fall war. Da eine These dieser Untersuchung, daß Nahbereiche mit günstigen Arbeitsmarktbedingungen überproportional viele Ansiedlungen von Betrieben niedriger Arbeitsplatzqualität auf sich ziehen,
durch diesen Vergleich untermauert wird, ergeben sich für die regionalpoli-
tische Beurteilung der industriellen Mobilität gewisse Konsequenzen, die im
zusammenfassenden Kapitel dargestellt werden.

4.4.1.3 Das Wanderungsverhalten nach RASS-Gruppen

Wird das Wanderungsverhalten nach der Zugehörigkeit der Betriebe zu RASS-
Gruppen untersucht (Laufkomplex 3) und der Konkurrenzindex der Nahbereiche
nach den Anteilen von Beschäftigten in Branchen bestimmt, die höhere Werte
der jeweils betrachteten Indikatoren als die untersuchte RASS-Gruppe aufweisen, so zeigt sich, daß für die RASS-Gruppe 3 (EBM-Waren), die die relativ höchsten Indikatorwerte aller RASS-Gruppen aufweist, in bezug auf
Veränderungen der Beschäftigtenzahl und Arbeiteranteile nur wenige Standorte zur Verfügung stehen, die überhaupt einen Anteil an "besseren" Beschäftigten aufweisen: diese Restriktion in der Standortwahl aufgrund fehlender
regionaler Differenzen von Standortgunst, die eine Ablehnung der Durchführung von χ^2-Vergleichen impliziert, tritt jedoch nicht auf, wenn die Indikatoren Löhne und Gehälter zur Bestimmung der Qualitätsindizes (mit-)ver-
wendet werden. Für keine Definition von Arbeitsplatzqualität bzw. Standortgunst zeigen die Ergebnisse ein dem Abweichungstyp 1 entsprechendes Verhalten, auch nicht für die Vergleiche, die für andere Gruppen von Betrieben einen Einfluß auf das Wanderungsverhalten gezeigt haben (s. Übersicht
4.8).

Von Betrieben der RASS-Gruppe 4 (Metall-, Maschinen- und Landfahrzeugbau)
werden die Nahbereiche, in denen die Beschäftigten in Branchen mit -
relativ zur RASS-Gruppe - höheren Löhnen einen hohen Beschäftigtenanteil
ausmachen, signifikant unterproportional häufig als neue Standorte angenommen, wobei die Vergleiche unter Anwendung der Beschreibungen K0011 und S0011
der Arbeitsplatzqualität gegensätzliche Ergebnisse zeigen, die andeuten

könnten, daß Löhne und Gehälter nicht substituierbar sind. Diese Ergebnisse könnten auch (und wiederum) so interpretiert werden, daß das Gehaltsniveau als "störender" Faktor in der Analyse erscheint - das andere Ergebnis eines Abweichungstyps 2 (S1010) konnte komplementär wegen mangelnder Streuung nicht ermittelt werden -, und daß daher die RASS-Gruppe 4 eindeutig auf das Lohnniveau in thesenentsprechender Weise bei der Wanderung reagiert. Auch die RASS-Gruppe 4 hat für bestimmte Beschreibungen der Arbeitsplatzqualität ein Qualitätsniveau aufzuweisen, das in vielen Nahbereichen von keinem ansässigen Betrieb übertroffen wird, die also gemäß unserer Vorgehensweise die gleiche (hohe) Ansiedlungsgunst aufweisen. Wiederum wurden hier wegen mangelnder Streuung keine χ^2-Vergleiche durchgeführt.

Demgegenüber weisen die RASS-Gruppen 7 (Elektrotechnik) und 19 (Bekleidungsindustrie) eine so "niedrige" Arbeitsplatzqualität nach allen verwendeten Definitionen auf, daß aufgrund der regionalen branchenmäßigen Verteilung der Industriebeschäftigten eine weite Spanne von Standortalternativen unterschiedlicher Ansiedlungsgunst zur Verfügung steht.

Die Betriebe der Elektroindustrie wählen eindeutig Standorte, die anhand der Indikatoren Löhne und Gehälter hohe Beschäftigtenanteile in denjenigen Branchen aufweisen, die besser bezahlen; es besteht lediglich ein Trend in Standorte, in denen eine hohe Veränderungsrate der Beschäftigten erwartet werden kann und auch gleichzeitig relativ wenige Beschäftigte in Branchen mit höheren Löhnen oder Löhnen und Gehältern tätig sind. Substitutive Definitionen von Arbeitsplatzqualität bilden das Standortwahlverhalten in keinem Fall so ab, daß Standorte mit niedrigen Konkurrenzindizes die Ansiedlungen von Betrieben dieser Branche auf sich ziehen.

Die Betriebe der Bekleidungsindustrie berücksichtigen das Niveau der Gehälter in den Nahbereichen bei der Auswahl eines Standortes definitiv nicht, bevorzugen aber Nahbereiche, die Branchen mit hohen Arbeiteranteilen aufweisen, auch in Kombination mit niedrigen Löhnen. Sofern die Abweichungen zwischen Basis- und Zuwanderungsverteilung als hinreichend signifikant betrachtet werden, zeigt sich, daß auch die vermutete Veränderungsrate der Beschäftigten von Einfluß zu sein scheint, die die Standortverhältnisse im Bereich der anderen Indikatoren zumindest teilweise substituieren kann, wenn auch die Veränderungsrate allein die Standortentscheidung nicht bestimmt.

Die Bekleidungsindustrie insgesamt weist für den Untersuchungszeitraum
ein zwar positives, aber im Vergleich zur Industrie insgesamt unterdurch-
schnittliches Beschäftigungswachstum auf, das verbunden ist mit unterdurchschnittlichen Wachstumsraten des Nettoproduktionsvolumens pro Beschäftigtem (s. Übersicht 3.18 auf S. 61), und kann demzufolge als stagnierende
Branche im Zuge des sektoralen Wandels bezeichnet werden. Betriebe dieser
RASS-Gruppe, die auch relativ niedrige Indexwerte für alle vier Indikatoren der Arbeitsplatzqualität aufweist, zeigen in besonderem Maße ein Wanderungsverhalten, das in Richtung auf die Bevorzugung schwach strukturierter Standorte weist. Betriebe anderer Branchen (RASS-Gruppen), die aufgrund
ihrer hohen Arbeitsplatzqualität ein weiteres Spektrum an Standortalternativen
vorfinden, die eine für sie günstige Beschäftigungsstruktur aufweisen, wählen
häufig nicht die Standorte aus, die aufgrund ihrer Arbeitsmarktsituation einer
Verbesserung ihrer Industriestruktur in Hinsicht auf die Ansiedlung von Betrieben aus regionalpolitischer Sicht beschäftigungsmäßig positiv zu beurteilender Branchen am dringendsten bedürfen, um eine Entwicklung der industriellen Beschäftigung in räumlich zumindest im Ansatz ausgeglichener
Weise zu erreichen. Es ist durchaus plausibel, zu vermuten, daß schwache,
vielleicht in Schwierigkeiten geratene Betriebe der anderen, durch die Ni-
vellierung wirtschaftlich stärker erscheinenden RASS-Gruppen ein ähnlich
den Betrieben der Bekleidungsindustrie selektives Standortverhalten bei der
Wanderung zeigen.

Werden die RASS-Gruppen - soweit wie möglich - nach der Größenklasse des
neuen Standortes aufgegliedert und die ausgewählten Standorte mit den Nahbereichen insgesamt in diesen Größenklassen verglichen, so zeigt die Auswahl der neuen Standorte der gewanderten Betriebe der RASS-Gruppe 4 keine
Bevorzugung bestimmter Standorttypen. Für die RASS-Gruppe 19,und insbesondere bei Anwendung des substitutiven Beschreibungsansatzes, kann jedoch sehr häufig - statistisch abgesichert (Abweichungstyp 1) - nachgewiesen werden, daß Standorte (bezüglich aller vier angewandter Arbeitsplatz-
qualitäts-Indikatoren) niedriger Konkurrenz ausgesucht werden.

Die Nahwanderer der RASS-Gruppe 4 berücksichtigen günstige Arbeitsmarktgegebenheiten bei der Standortwahl nicht. Möglicherweise ist die Nähe des
neuen Standortes zum alten ausschlaggebendes Kriterium, das andere Nachteile am neuen Standort ausgleichen kann. Da ein Nahwanderer vermutlich
damit rechnen kann, den vorhandenen Arbeitskräftestamm auch im neuen Stand-

ort weiter zu beschäftigen, ist die Arbeitsmarktsituation nur von sekun-
därer Bedeutung, vor allen Dingen, wenn keine Expansion der Beschäftigtenzahl im wandernden Betrieb erwartet wird.

Demgegenüber verhalten sich die Fernwanderer unter den Bekleidungsbetrieben ähnlich "standortbewußt" wie die Betriebe dieser Branche insgesamt,
tendenziell zeigt sich jedoch überraschenderweise eine Berücksichtigung
der nahbereichsspezifischen Gehaltsniveaus, die für die Bekleidungsindustrie insgesamt nur entgegengesetzt nachgewiesen werden konnte. Die
Nahwanderer dieser Gruppe scheinen die Standorte trotz hohen Gehaltsniveaus auszuwählen, die in anderer Hinsicht günstige Ansiedlungsbedingungen
bieten, während die Fernwanderer einen möglichst gut geeigneten Standort
auch nach dem Niveau der Gehälter anstreben.

4.4.1.4 Der Einfluß von Monopoltendenzen der industriellen Beschäftigung in den
Nahbereichen auf das Wanderungsverhalten

Eine weitere Möglichkeit, Standortgunst über die branchenmäßige Verteilung
der Industriebeschäftigten in Abhängigkeit von deren Arbeitsplatzqualität
hinaus zu definieren, ist durch eine Einbeziehung der Konzentration der
industriellen Beschäftigung in den Nahbereichen auf einen Betrieb gegeben;
dieses Merkmal gilt - wie bereits ausgeführt - als hemmender Faktor für
Industrieansiedlungen. In dieser Hinsicht wurden nur unter Berücksichtigung
der Größenklasse des neuen Standortes Verteilungsvergleiche durchgeführt,
um standortgrößenbedingte Konzentrationstendenzen - soweit wie möglich -
auszuschalten.[1] Da nicht anzunehmen ist, daß der Konzentrationsgrad allein
die Ansiedlungsgunst aus der Sicht der standortwechselnden Betriebe bestimmen kann, wurden jeweils parallele Vergleiche zu denen, die als Konkurrenzindizes lediglich die Beschäftigtenverteilung nach der Arbeitsplatzqualität gegenüberstellen, durchgeführt, wobei sich der angewandte Konkurrenzindex aus dem Anteil an Beschäftigten in Branchen eines bestimmten
Qualitätsniveaus der Arbeitsplätze und dem Anteil des beschäftigungsmäßig
größten Betriebes an den Industriebeschäftigten des Nahbereichs additiv
mit gleicher Gewichtung ergibt (s. Ergebnisse des Laufkomplexes 4 bzw. 5
der Übersicht 4.8, Fortsetzung), die der besseren Übersichtlichkeit wegen
auch unter Laufkomplex 2 bzw. 3 schon dargestellte Ergebnisse ohne Berück-

---

[1] Es wurde bereits angesprochen (s. Kap. 4.2.2), daß in Nahbereichen
der Größenklasse unter 15.000 Beschäftigten - wie zu erwarten war -
häufiger als in größeren Standorten ein Betrieb auf dem Arbeitsmarkt
dominiert.

- 140 -

sichtigung der Beschäftigtenkonzentration enthält.[1]

Betrachtet man zunächst die Ergebnisse des Laufkomplexes 4, der nur wandernde Betriebe niedriger Arbeitsplatzqualität berücksichtigt, die in einen
Standort mit 15.000 oder mehr Beschäftigten gewandert sind, so zeigt sich,
daß - wie auch bei den Vergleichen, in denen der Konkurrenzindex der Nahbereiche ohne den Anteil des größten Betriebes an den Beschäftigten insgesamt bestimmt wurde (Laufkomplex 2) - die Abweichungen zwischen Basis-
und Zuwanderungsverteilung in den meisten Fällen kein signifikantes Ausmaß
erreichen. Bei den Betrieben insgesamt verliert der Konkurrenzindex, der
den Anteil der Arbeiter und das Lohnniveau als Indikatoren der Arbeitsplatzqualität berücksichtigt, bei Einbeziehung des Konzentrationsgrades seinen
Erklärungswert für das Standortwahlverhalten. Lediglich für die Nahwanderer
(S0101) und Fernwanderer (S0111) kann ein Wanderungsverhalten einer ein-
deutigen Vermeidung stärker monopolisierter Nahbereiche nachgewiesen werden. Bei den Vergleichen der Verteilungen der entsprechenden Konkurrenzindizes, die nur die Qualität der Arbeitsplätze, nicht aber die Monopol-
komponente beinhalten, kann nach den Ergebnissen des Laufkomplexes 2
nur eine zufällige Auswahl des neuen Standorts vermutet werden.

Betriebe, die Nahbereiche von einer Größe unter 15.000 Beschäftigten als
geeignete Standorte angesehen haben, zeigen ebenfalls zum Teil eine ähnliche Indifferenz gegenüber dem Konzentrationsgrad der Industrie. Für
die "unterdurchschnittlichen" Betriebe insgesamt läßt sich nicht nachweisen, daß mit sinkendem Konzentrationsgrad die Attraktivität der
Standorte zunimmt, bzw. daß ein geringer Konzentrationsgrad Nachteile
der Beschäftigungsstruktur nach der Qualität der Arbeitsplätze wettmachen
kann, wenn auch Verlagerer eine ausgeglichene Beschäftigungsverteilung
signifikant positiv beurteilen (S0101, S0111) und Zweigbetriebe die nach dem
Qualitätsniveau der Arbeitsplätze "ungeeigneten" Standorte auswählen, die

---

1)
Die Vergleiche des Laufkomplexes 2 und 3, die nicht im vorangegangenen
Teil der Übersicht 4.8 dargestellt oder im Text erwähnt worden sind,
entsprechen in ihren Ergebnissen bzw. deren Beurteilung den bisher festgestellten Tendenzen und dienen lediglich als Vergleichsbasis, um die
Bedeutung einer eventuellen Monopolisierung des Arbeitsplatzangebotes
für das Standortwahlverhalten zu untersuchen.

aber bei Einbeziehung des Anteils des größten Betriebes eine Aufwertung
in Richtung auf eine höhere Standortgunst erfahren, also im allgemeinen
niedrige Beschäftigungsanteile im größten Betrieb aufweisen. Für die unterschiedlichen Typen von gewanderten Betrieben nach deren Beschäftigungszahlen zeigen sich keine Änderungen der Ergebnisse, ebenso nicht für die
Nahwanderer: es kann keinem Standorttyp ein signifikant größerer Anteil
an Zuwanderungen nachgewiesen werden, als seinem Anteil an den Nahbereichen insgesamt entspricht, unabhängig davon, ob die Typisierung das Kriterium des Beschäftigtenanteils des größten Betriebes berücksichtigt oder
nicht.

Bei den Fernwanderern zeigt sich, daß in den Vergleichen SO111 die von den
gewanderten Betrieben zum Teil bevorzugten, für sie ungünstigen neuen Standorte nach Einbeziehung des Monopolisierungsgrades günstiger erscheinen,
obwohl kein "positives" Verhalten nachgewiesen werden kann; jedoch ist für
die Einzelbetrachtung der Indikatoren 2 und 3 ein gegenteiliger Shift des
Wanderungsverhaltens nachzuweisen, bei dem - einmal sogar abgesichert
(Abweichungstyp 2) - neue Standorte mit höherem Monopolisierungsgrad bevorzugt werden.

Deutliche Unterschiede im Wanderungsverhalten nach Art der Standorttypi-
sierung zeigen sich jedoch, wenn man die RASS-Gruppen 4 und 19 betrachtet -
hier handelt es sich aber um eine Ergänzung der Konkurrenzindizes Typ 1
von Laufkomplex 3; die Vergleiche unter Anwendung der mit dem Monopolisierungsgrad ergänzten Konkurrenzindizes bilden den Laufkomplex 5. Es zeigt
sich, daß die RASS-Gruppe 4 Standorte überproportional häufig besiedelt,
die nach Lohn- und Gehaltsniveau und Konzentrationsgrad am besten geeignet
sind. In der RASS-Gruppe 19 zeigt sich, daß offensichtlich monostrukturierte bzw. beschäftigungsmäßig kleine Standorte bevorzugt werden, so daß
die nachgewiesene hohe Ansiedlungsgunst der ausgewählten Standorte nach
dem Qualitätsniveau der Arbeitsplätze allein durch die Ergänzung der Konzentration der Beschäftigten auf einen Betrieb nach der angewendeten Gewichtung in ihr Gegenteil verkehrt wird. Für Betriebe dieser Gruppe scheint
demnach die Konkurrenz mit einem dominierenden Betrieb um die Arbeitskräfte
nicht von negativer Bedeutung für die Standortwahl zu sein. Möglicherweise
nehmen Betriebe dieser Branche, in der viele Frauen Arbeitsplätze finden,
"Marktlücken" in monostrukturierten Standorten wahr.

4.4.2 Die Ansiedlungsgunst der ausgewählten Nahbereiche im Vergleich zu der der
alten Standorte

Die Überlegung, daß die Standortwahl nicht in jedem Falle zugunsten einer
Ansiedlungsmöglichkeit ausfällt, die den Betriebserfordernissen am besten
entsprechen kann, sondern die die Ansprüche an den neuen Standort in hin-
reichender Weise befriedigt, besonders im Bereich der Faktoren, die zur
Aufgabe des alten Standortes geführt haben, wurde mehrfach angesprochen;
die im vorangegangenen vorgestellten Ergebnisse der statistischen Tests
können teilweise, wie erläutert, in dieser Richtung interpretiert werden.
So ist es denkbar, daß der Teil von Betrieben, der sich z.b. hauptsächlich
wegen Platzmangels zur Verlegung oder teilweisen Auslagerung der Produktion
genötigt sieht, die Situation auf dem Arbeitsmarkt nur in zweiter Linie
zur Beurteilung eines neuen Standortes heranzieht, umso weniger dann,
wenn die Auswahl eines nahegelegenen Standorts die Weiterbeschäftigung des
bisherigen Arbeitskräftepotentials erlaubt bzw. der Betrieb seine Attraktivität für Arbeitnehmer hoch einschätzt. Trotzdem ist zu erwarten, daß
auch solche Betriebe Gesichtspunkte des Arbeitsmarktes nicht völlig außer
acht lassen können, um sich die Möglichkeit einer Expansion (auch der Beschäftigtenzahlen) offen zu halten bzw. um die Löhne und Gehälter für den
Betrieb günstig zu gestalten; deshalb wird thesenhaft angenommen, daß
die neuen Standorte eine Ansiedlungsgunst aufweisen, die zumindest nicht
geringer ist als die, die im alten Standort vorhanden war; mit abnehmender
Konkurrenzfähigkeit einer Gruppe von Betrieben im Hinblick auf die Attraktivität für Arbeitskräfte - so lautet die These - wird eine zunehmende
Bevorzugung von Standorten mit günstiger beurteilter Arbeitsmarktlage erwartet. Die für den vorangegangenen Teil der Untersuchung geprüfte These,
daß Nahbereiche mit hoher Ansiedlungsgunst mehr Betriebswanderungen auf
sich ziehen, als ihrem Anteil an den Nahbereichen insgesamt entspricht,
kann daher für das jetzige Kapitel in folgender Weise umgewandelt werden:
Die als neue Standorte ausgewählten Nahbereiche weisen in ihrer Gesamtheit
niedrigere oder gleiche Konkurrenzindexwerte auf als die Gesamtheit der
Nahbereiche, die von Betrieben verlassen wurden.

Dementsprechend kann die Verteilung der von Betrieben aufgegebenen Nahbereiche nach ihren Konkurrenzindizes derjenigen der neuen Nahbereiche gegen-
übergestellt werden; wiederum wird erwartet, daß die Zuwanderungsverteilung im linken Bereich der Verteilung nicht unter der erwarteten Verteilung (in diesem Fall statt der Basis- der Abwanderungsverteilung) liegt,

daß also Nahbereiche mit niedrigen Konkurrenzindizes einen größeren oder gleichen Anteil an Zu- als bzw. wie an Abwanderungen verzeichnen. Weisen die Verteilungen nur zufällige Abweichungen voneinander auf oder eine Abweichung des Typs 4 (s. Abb. 4.11, S. 118), so ist dies in diesem Teil der Untersuchung (im Gegensatz zu den Ergebnissen von Kap. 4.4.1 und der Übersicht 4.8) als ein positives, d.h. die These nicht falsifizierendes Ergebnis zu bezeichnen. Die Ergebnisse sind in der gleichen Form wie die der Vergleiche der Zuwanderungs- mit der Basisverteilung (Übersicht 4.8) in Übersicht 4.9 am Ende des Berichts dargestellt; die Erläuterungen von S. 155 gelten auch für diese Übersicht.

4.4.2.1 Das Wanderungsverhalten der Betriebe insgesamt

Betrachtet man zunächst die alten und neuen Standorte der Gesamtmenge der gewanderten Betriebe (nicht untergliedert, auch nicht nach ihrer Arbeitsplatzqualität) daraufhin, inwieweit die neuen Standorte über eine zumindest nicht niedrigere Ansiedlungsgunst als die aufgegebenen Nahbereiche verfügen (erste Zeile des Laufkomplexes 1 in Übersicht 4.9), so zeigt sich, daß zwar in Bezug auf das Gehaltsniveau (Indikator 4) die neuen Standorte sich als ungünstiger für ansiedelnde Betriebe erweisen, daß aber dieser Nachteil durch die Lohnhöhen (Indikator 3) und das Arbeiter-Angestelltenverhältnis (Indikator 2) offensichtlich - auch für alle untergliederten Gruppen der Betriebe insgesamt - ausgeglichen werden kann (KO111) bzw. Nachteile in Bezug auf das Vorhandensein und die "Preise" von Angestellten in Kauf genommen werden (vielleicht in Kauf genommen werden müssen), um andere Standortvorteile wahrzunehmen. Für die verwendeten Operationalisierungsmöglichkeiten von Arbeitsplatzqualität im komplementären Bereich, die Konkurrenzindizes nach dem Anteil der Branchen mit "hoher" Arbeitsplatzqualität bestimmen, zeigt sich, daß die neuen Standorte ein höheres Gehaltsniveau aufzeigen als die alten; auch bei Einbeziehung des Lohnniveaus oder der Veränderungsraten der Beschäftigtenzahl in die Definition der Arbeitsplatzqualität sind die neuen Standorte im Vergleich zu den alten als ungünstiger für die ansiedelnden Betriebe zu bezeichnen.

Im substitutiven Bereich fallen die Verteilungsvergleiche noch positiver aus; kein einziger Vergleich spricht gegen die These.

Eine Verbesserung der Standortsituation in bezug auf die Veränderungsraten
der Beschäftigtenzahl in den am Standort ansässigen Betrieben kann ebenfalls nicht als dominanter Gesichtspunkt bei der Standortwahl gelten-
sowohl im Bereich der höchsten wie der niedrigsten errechneten Konkurrenzindizes sind Nahbereiche von einem größeren Anteil Zu- als Abwanderungen
betroffen; das gilt auch für die Vergleiche S1110 und K1011 und für
zwei weitere Läufe, die den Index der Gehälter berücksichtigen (S0111,
S0011). Für die überwiegende Anzahl der Vergleiche zeigt sich jedoch
eine eindeutig höhere Ansiedlungsgunst in den neuen Standorten im Vergleich zu den aufgegebenen, die im Bereich des Lohnniveaus und eines
mehr arbeiterorientierten Arbeitsmarktes liegen, und die zum großen
Teil weniger günstige Gegebenheiten im Vergleich zum alten Standort
im Bereich der Indikatoren 1 und 4 ausgleichen können. Betriebe scheinen ihre
Entscheidung dann zugunsten eines Nahbereichs zu treffen, wenn dieser nach
möglichst vielen Kriterien eine höhere Ansiedlungsgunst als die alte Standort aufweist. Damit kann nachgewiesen werden, daß das Wanderungsverhalten
von Industriebetrieben eindeutig an arbeitsmarktbedingten regionalen Gegebenheiten orientiert ist, wie sie durch die Konkurrenzindizes beschrieben werden. Übrig bleibt, festzustellen, inwieweit gruppenspezifische Unterschiede des Wanderungsverhaltens nachweisbar sind und welche Rolle dem Konzentrationsgrad der industriellen Beschäftigung bei der Beurteilung von
Standortalternativen im Vergleich zum aufgegebenen Standort zukommt.

Bei den Vergleichen für die Gruppen sowohl der Verlagerungen als auch der
Zweigbetriebe beziehen sich alle der These direkt entgegengerichteten Er-
gebnisse des Abweichungstyps 2 (zumindest zum Teil) auf den Indikator
Gehälter - mit Ausnahme des Vergleichs S1110.[1] Nur für vier Indikator-

---

[1] Es könnte zunächst überraschen, daß trotz thesenentsprechender Ergebnisse für
die alten und neuen Standorte der Verlagerungen bei den Vergleichen K0100 und
K0010 sowie des Auftretens des Abweichungstyps 3 beim Vergleich K1000 bei der
additiven Verknüpfung der drei Indikatoren (S1110) ein Ergebnis auftritt, das
die These (für diese Indikatorenkombination) eindeutig falsifiziert; das bedeutet, daß die Ergebnisse der Verteilungsvergleiche nicht in jedem Fall voneinander abgeleitet werden können. Dies beruht darauf, daß die zur Bestimmung
der Konkurrenzindizes der Nahbereiche herangezogenen branchenspezifischen Indikatorwerte nicht miteinander korrelieren (s. Kap. 4.2.1.3), so daß jeder auf
unterschiedlichen Indikatoren basierende Konkurrenzindex wegen der Auswahl-
methode für die Branchen, deren Beschäftigung in den Index eingehen, eine eigen-
ständige Beschreibung von Ansiedlungsgunst darstellt, die nicht in jedem
Fall "additiv" betrachtet werden kann.

kombinationen konnte keine signifikante Abweichung zwischen der Ab- und
Zuwanderungsverteilung der Konkurrenzindizes nachgewiesen werden. Viele
Ergebnisse - wie bei den Betrieben insgesamt - sprechen direkt für die
These einer Bevorzugung von neuen Standorten niedrigerer Konkurrenz auf
dem Arbeitsmarkt als in den alten Standorten. Viele Beschreibungen der
Arbeitsplatzqualität führen auch zu Ergebnissen des Abweichungstyps 3,
bei dem festgestellt wird, daß von Betrieben sowohl günstigere als auch un-
günstigere neue Standorte als die alten Standorte bevorzugt werden. Hier
liegt - wie immer bei solchen Ergebnissen - die Vermutung nahe, daß eine
entsprechende weitere Untergliederung die zwei Verhaltenstendenzen "trennen"
könnte. Die Ergebnisse zeigen keine grundsätzlichen Verhaltensunterschiede
zwischen Verlagerungen und Zweigbetrieben, die nachgewiesene allgemeine
Tendenz für beide Gruppen geht in Richtung auf eine Verbesserung bzw. Beibehaltung der Konkurrenzverhältnisse auf dem Arbeitsmarkt im neuen Standort im Vergleich zu denen, die am alten Standort herrschen.

Auch Betriebe mit (noch) niedrigen Beschäftigtenzahlen wechseln in Standorte mit höherem Gehaltsniveau und niedrigem Lohnniveau, und auch die
Verteilung nach Arbeitern/Angestellten scheint für die wandernden Betriebe
relevant zu sein; die Veränderungsrate der Beschäftigtenzahlen übt - für sich
betrachtet - keinen signifikanten Einfluß auf die Standortentscheidung aus.
Für mittlere Betriebe mit 50 bis 100 Beschäftigten ist eine Verbesserung
der Arbeitsmarktbedingungen in wesentlich geringerem Ausmaß festzustellen
(im Laufkomplex 1), hier werden auch für bestimmte Definitionen der Konkurrenzindizes ungünstiger strukturierte Standorte zumindest von einem Teil
der Betriebe ausgewählt, während Betriebe mit 100 oder mehr Beschäftigten
Aspekten der Verfügbarkeit von Arbeitskräften, weniger deren "Preis", eine
Bedeutung beimessen: von solchen Betrieben ausgewählte Nahbereiche weisen
nach der Veränderung der Beschäftigtenzahlen und dem Anteil der Arbeiter
für sie bessere Bedingungen auf als die aufgegebenen Standorte, während
höhere Löhne und Gehälter in den neuen Standorten keinen Hemmungsfaktor
bei der Standortwahl darstellen.

Die Standortentscheidungen der Nahwanderer sind in besonders deutlichem
Ausmaß rational im Sinne der Suche nach einem besseren Standort in Hinsicht
auf die Arbeitsmarktlage (nach fast jeder angewandten Definition) anzusehen. Vorteile im Bereich der Verfügbarkeit von Arbeitskräften (Indikator 1)
sind gekoppelt mit Vorteilen in Bezug auf das Lohnniveau, ohne daß ein
im Vergleich zum alten Standort erhöhtes Gehaltsniveau in Kauf genommen
wird; diese Gruppe hat sich, wie auch immer Standortgunst anhand der

vier Indikatoren definiert wird, nur in zwei Fällen zum Teil auch
"schlechtere" Standorte ausgesucht (Vergleiche S0011 und S0111), aber
in den meisten Fällen deutlich verbessert. Dies erstaunt angesichts der
zunächst einleuchtenden Vermutung, daß Nahwanderer häufig die sind, die die
Ressourcen des alten Standorts weiter nutzen wollen, für die also die Gegebenheiten des neuen Standorts möglicherweise von zweitrangiger Bedeutung sind,
und die nur eine stark eingeschränkte Auswahl an Standorten überhaupt in
ihre Entscheidung einbeziehen. Es scheint, daß diese Entscheidung zugunsten
eines benachbarten Nahbereichs häufig nicht oder nicht nur durch die Entfernung zum aufgegebenen Standort bestimmt wird, sondern durch - weil
nahegelegen - gut bekannte Standortgegebenheiten, die das Zurücklegen einer
größeren Wanderungsdistanz unnötig machen.

Die Fernwanderer scheinen im Vergleich zu den Nahwanderern weniger auf Arbeitsmarktbedingungen zu achten. Jedoch kann insbesondere in Hinsicht auf
den Arbeiteranteil und das Lohnniveau des neuen Standorts festgestellt werden, daß bessere Bedingungen als im alten Standort herrschen.

Betriebe, die einen Standort mit einer Beschäftigtenzahl von weniger als
15.000 auswählen, nehmen damit Nachteile in bezug auf die Veränderungsrate
der Beschäftigung in Kauf und in bezug auf das Lohnniveau, wenn diese allein
betrachtet werden. Wenn jedoch eine zunehmende Anzahl von Indikatoren in
Kombination (insbesondere in komplementärer Beziehung) als definitorische
Basis für eine (für sie) verbesserte Arbeitsmarktsituation betrachtet
werden, wählen diese Betriebe bessere Nahbereiche (als ihre alten) als
neue Standorte aus. Betriebe, die einen Standort mit einer Beschäftigtenzahl von 15.000 oder mehr auswählen, scheinen (wiederum) Nachteile im
Bereich der Gehälter und (in Kombination, sowohl komplementär als auch
substitutiv) der Löhne und Gehälter in Kauf zu nehmen. Diese Nachteile
können offenbar durch den Arbeiteranteil (komplementär) oder durch die
Veränderungsrate der Beschäftigung (substitutiv) nicht nur neutralisiert,
sondern (definitorisch) in Vorteile umgewandelt werden. Im allgemeinen ist
ein "positives" Gefälle zwischen altem und neuem Standort für die Betriebe,
die in die beschäftigungsmäßig kleineren Nahbereiche umsiedeln, viel
häufiger der Fall.

4.4.2.2 Das Wanderungsverhalten von Betrieben niedriger Arbeitsplatzqualität

Vergleicht man alte und neue Standorte von Betrieben, die Indexwerte
unter dem Median der einzelnen Indikatoren bzw. unter der Hälfte der

maximal erreichbaren Punktzahl aufweisen, so zeigt sich (Übersicht 4.9 -
Laufkomplex 2) für die Betriebe insgesamt eine schwächere Ausrichtung
(als für die gewanderten Betriebe insgesamt ohne Untergliederung nach
ihrer Arbeitsplatzqualität) des Wanderungsverhaltens an einer Verbesserung der Standortbedingungen durch die Umsiedlung, als es unter der Annahme zu vermuten wäre, daß Betriebe den Arbeitsmarktverhältnissen umso
größeres Gewicht beimessen, je geringer die Qualität ihrer eigenen Arbeitsplätze ist.

Am neuen Standort treffen diese Betriebe (insgesamt) in der Regel sogar
einen größeren Anteil an Beschäftigten an, die in Branchen mit höheren Gehältern bzw. Löhnen und Gehältern beschäftigt sind (Lauf K0011), während
das standortspezifische Verhältnis Arbeiter zu Angestellten von beiden
Errichtungsarten und von kleineren Betrieben deutlicher zugunsten eines
größeren Arbeiteranteils berücksichtigt wird. Unterschiedliche Ergebnisse
nach Errichtungsarten oder Betriebsgrößen sind nicht in anderer Weise zu
verzeichnen, als das bei den Betrieben insgesamt ohne Berücksichtigung
ihrer Arbeitsplatzqualität der Fall ist. Auch bringt eine differenzierte
Untersuchung der Nah- und Fernwanderer bzw. nach der ausgewählten Standort-
größenklasse gegenüber der der Betriebe insgesamt im Laufkomplex 2 keine
weiteren Erkenntnisse.

Daß die Betriebe niedriger Arbeitsplatzqualität sich nicht in dem Maße,
wie die Betriebe insgesamt (ohne Berücksichtigung ihrer Arbeitsplatzqualität) mit dem Standortwechsel relativ zum alten Standort "verbessern", ist
plausibel darauf zurückzuführen, daß die Betriebe besserer bzw. hoher Arbeitsplatzqualität andere Standortanforderungen - auch in der Kombination,
soweit sie die Arbeitsmarktindikatoren dieser Untersuchung betreffen -
haben. Betriebe niedriger Arbeitsplatzqualität haben wahrscheinlich
auch wenig "Spielraum" bei einem Standortwechsel, wenn sie ihre Konkurrenzsituation (z.B. bei der Gründung) bei der Auswahl des alten
Standorts bereits berücksichtigt haben. Interessant ist, daß Betriebsgruppen
in diesem Laufkomplex (die Betriebe insgesamt, Verlagerungen, Zweigbetriebe,
die kleineren Betriebe, Nahwanderer und Fernwanderer) auf die Indikatoren 2
(Arbeiteranteil) und 3 (Lohnniveau) doch reagieren, da es möglich war
(s. Übersicht 4.9), eindeutig nachzuweisen, daß diese Wanderungsgruppen ihre
Konkurrenzsituation in dieser Hinsicht am neuen Standort im Vergleich zum
alten Standort verbessert haben.

4.4.2.3 Das Wanderungsverhalten nach RASS-Gruppen

Betrachtet man die alten und neuen Standorte der Betriebe der RASS-Gruppen
3, 4, 7 und 19 nach dem Anteil an Beschäftigten in Branchen mit höherer
Arbeitsplatzqualität, als sie die jeweils untersuchte Gruppe wandernder
Betriebe aufweist, so zeigt sich (Laufkomplex 3 in Übersicht 4.9)
- für zahlreiche Beschreibungsansätze und soweit χ^2-Vergleiche durchgeführt wurden -, daß die Betriebe der RASS-Gruppen 3 und 7 im Zuge des
Standortwechsels Nahbereiche auswählen, die Arbeitsmärkte mit (für sie)
ungünstiger Beschäftigungsstruktur aufweisen. Aufgrund der hohen Arbeitsplatzqualität der RASS-Gruppe 3 ist dieses Verhalten verständlich - Faktoren außerhalb des Arbeitsmarktes können die ausschlaggebende Rolle bei
der Standortwahl spielen, weil in jedem Nahbereich a priori eine hinreichend gute Position in der Nachfrage nach Arbeitskräften bestehen kann.

Für die Betriebe der Elektrotechnik (RASS-Gruppe 7) scheinen andere Faktoren als die Situation auf den Arbeitsmärkten, so wie sie in dieser Untersuchung definiert wurden, den Ausschlag für die Standortentscheidungen
zu geben. Überraschend ist, daß für zwei Definitionen der Konkurrenzindizes (K1001 und K1011) die von Elektrobetrieben ausgewählten Standorte
im Vergleich zu der Gesamtheit aller Ansiedlungsmöglichkeiten zwar sehr
günstig nach ihrer Arbeitsmarktsituation zu beurteilen sind (s. Übersicht
4.8, Laufkomplex 3), daß die neuen Standorte im Vergleich zu den alten
jedoch eine niedrige Ansiedlungsgunst aufweisen, was darauf hindeutet,
daß die wandernden Betriebe ihren Standort innerhalb der Kategorie von Nahbereichen wechseln, die als relativ günstig bezeichnet werden können, so
daß die neuen Standorte in ihrer Eignung für die Ansiedlung von elektro-
technischen Betrieben immer noch als zumindest hinreichend eingeschätzt
werden. Es wird deshalb vermutet, daß andere als Arbeitsmarktgesichtspunkte
das Wanderungsverhalten dieser Gruppe bestimmen. Es ist denkbar, daß die
Betriebe der RASS-Gruppe 7 eine sehr heterogene Qualität der Arbeitsplätze aufweisen, die in den RASS-gruppenspezifischen Indikatorwerten
(die ja wiederum anhand von Branchendurchschnittswerten bestimmt wurden)
nicht hinreichend zum Ausdruck kommt: die Spanne der Arbeitsplatzqualitäten
reicht von der der reinen Montagearbeitsplätze in einem Betrieb bis hin zu
der der Betriebe mit überwiegend hochspezialisierten Arbeitsplätzen, z.B.
im Bereich der Computerentwicklung. Sollten die in dieser Untersuchung
berücksichtigten wandernden Betriebe der Elektrotechnik überwiegend dem
zweiten Betriebstyp angehören, dann wäre nicht anzunehmen, daß die nahbereichsspezifischen Konkurrenzverhältnisse, wie sie durch die Konkurrenzindizes beschrieben werden, eine den Thesen entsprechende Rolle bei An-

siedlungsentscheidungen spielen. Möglicherweise haben auch Erwartungen von
Seiten solcher Betriebe in Hinsicht auf eine - auch beschäftigungsmäßig -
expansive wirtschaftliche Entwicklung Einfluß auf die Standortentscheidung,
der dazu führt, daß die Bedeutung der Konkurrenten in der Nachfrage nach Arbeitskräften wegen der hohen Qualität der angebotenen Arbeitsplätze keine
wesentliche Rolle bei der Standortentscheidung spielt - Übersicht 3.18
zeigt, daß die RASS-Gruppe Elektrotechnik zu den im Untersuchungszeitraum
stark expandierenden Wirtschaftszweigen gehört.

Möglicherweise würde ein großer Teil der in den Übersichten 4.8 und 4.9
dargestellten Auswertungen für Wanderungsgruppen, die gewanderte Betriebe der RASS-Gruppen 3 und 7 mitenthalten und die Abweichungen vom Typ 3
zwischen Basis- und Zuwanderungsverteilung bzw. zwischen Ab- und Zuwanderungsverteilungen aufweisen, ein thesenentsprechendes Wanderungsverhalten
(vom Abweichungstyp 1) aufzeigen, wenn die Wanderungsfälle, die den sich
"thesenwidrig" verhaltenden RASS-Gruppen 3 und 7 angehören, aus diesen Wanderungsgruppen ausgeschlossen werden könnten.

Betriebe der RASS-Gruppe 4 wählen Standorte, deren Lohn- und Gehaltsniveau
im Vergleich zum alten Standort höher ist; dieser Nachteil der neuen Standorte kann auch durch andere Indikatoren nicht so weit ausgeglichen werden,
daß die Gesamtheit der neuen Standorte dieser RASS-Gruppe bei Anwendung der
untersuchten Beschreibungsmodi bessere Arbeitsmarktbedingungen aufweist,
auch wenn für einen Teil der Betriebe nach zusätzlich zum Lohn- und Gehaltsniveau betrachteten Indikatoren der Standortwechsel eine Verbesserung
ihrer Konkurrenzsituation mit sich bringt. Nahwanderer dieser RASS-Gruppe
nehmen eher arbeitsmarktbedingte Nachteile am neuen Standort in Kauf: für
die Vergleiche S0111, S0011 und S1111 zeigt sich der Abweichungstyp 3 für
diese Gruppe insgesamt (sowohl bessere als auch schlechtere Standorte werden
ausgewählt), jedoch der Abweichungstyp 2 (durchgehend schlechtere Standorte)
für die Nahwanderer. Betriebe der RASS-Gruppe 4 mit einem neuen Standort
mit Beschäftigtenzahlen unter 15.000 siedeln sich (im Vergleich zur Auswertung für alle potentiellen Zielorte der Wanderung) eindeutig in günstigen
Nahbereichen an, ohne aber Vorteile gegenüber dem alten Standort zu realisieren.

Das Phänomen der "Nicht-Verbesserung" der Standortbedingungen beim Vergleich
alter-neuer Standort (Übersicht 4.9), aber der Auswahl von Nahbereichen mit
hoher Ansiedlungsgunst - vergleicht man die neuen Standorte mit den Ansiedlungsmöglichkeiten insgesamt (Übersicht 4.8) - zeigt sich auch bei der
RASS-Gruppe 19 (in den Vergleichen S1010 und S1101); für die Indikatoren

Lohnniveau und Arbeiter/Angestelltenverhältnis zeigt sich eine deutliche
Verbesserung der Standortsituation mit dem Standortwechsel. Für die Wanderer der RASS-Gruppe 19 insgesamt scheinen die substitutiv formulierten
Beschreibungen der Arbeitsplatzqualität weniger entscheidungsrelevante Kriterien für die Auswahl eines neuen Standortes abzubilden. Die Fernwanderer
unter den Bekleidungsbetrieben scheinen Arbeitsmarktgegebenheiten in erheblich stärkerem Maße in einer den Thesen entsprechenden Richtung zu berücksichtigen. Betriebe, die sich in einem Standort mit weniger als 15.000 Beschäftigten ansiedeln, verbessern ihre Standortsituation in der Weise, daß
sie am neuen Standort einer geringeren Konkurrenz von Seiten der Branchen
ausgesetzt sind, die jeweils höhere Arbeitsplatzqualität nach dem substitutionsorientierten Ansatz aufweisen.

4.4.2.4 Der Einfluß von Monopoltendenzen der industriellen Beschäftigung in den
Nahbereichen auf das Wanderungsverhalten

Ein Vergleich der Laufkomplexe für die Bewertung neuer gegen alte Standorte
zeigt, daß bei Einbeziehung des Konzentrationsgrades für neue Standorte mit
15.000 oder mehr Beschäftigten diese häufig günstiger zu beurteilen sind,
daß also Nahbereiche ausgewählt werden, die sowohl nach der Qualität der
Arbeitsplätze als auch nach dem Konzentrationsgrad der industriellen Beschäftigung auf einen Betrieb in der Regel einen niedrigeren Konkurrenzindex als der alte Standort aufweisen (s. Übersicht 4.9, Fortsetzungs-
blatt); möglicherweise ist dies bedingt durch die relativ große Ansiedlungshäufigkeit in Nahbereichen mit mehr als ca. 100.000 Beschäftigten, die in
der Regel einen sehr niedrigen Monopolisierungsgrad aufweisen.

Demgegenüber haben fast ausnahmslos alle Betriebe, die sich in Standorten
mit einer Beschäftigtenzahl von weniger als 15.000 niedergelassen haben,
Nahbereiche ausgewählt, die im Vergleich zum alten Standort als schlechter
bezeichnet werden müssen; das gilt auch für die Betriebe der Bekleidungsindustrie, die nach dem Kriterium der Qualität der Arbeitsplätze allein
im deutlichsten Ausmaß günstig strukturierte Standorte auswählen.

Die Dominanz eines Betriebes in Bezug auf die Beschäftigtenzahlen ist also
offensichtlich zumindest kein Hindernis für die Ansiedlung von Betrieben
in beschäftigungsmäßig kleineren Standorten, möglicherweise sogar ein

Stimulans, weil Lücken auf dem Arbeitsmarkt vermutet werden, die es zuwandernden Betrieben unter Umständen erlauben, Arbeitskräfte zu attrahieren, ohne in deutliche Konkurrenz mit einem eingesessenen, den Arbeitsmarkt dominierenden Betrieb zu treten. Dies ist vor dem Hintergrund der regional- wie beschäftigungspolitischen Zielsetzung der Diversifizierung von Arbeitsmärkten als positiver Effekt von industrieller Mobilität zu bewerten.

5. Die Beurteilung der Untersuchungsergebnisse aus regionalpolitischer Sicht

Die Untersuchung des Zusammenhangs zwischen Infrastrukturausstattung und
industriellem Wanderungsverhalten zeigt, daß zwar besser ausgestattete
Gebiete überproportional viele Industrieansiedlungen auf sich ziehen, daß
jedoch seitens der wandernden Betriebe, die in Nordrhein-Westfalen im
Untersuchungszeitraum etwa 75 % aller Ansiedlungen umfassen, eine klare
Tendenz besteht, die am besten ausgestatteten Gebiete unter den unterschiedlich definierten potentiellen Standorten als neue Standorte zu vermeiden.
Offenbar spielen andere Faktoren außerhalb des Bereichs der Infrastruktur
eine erhebliche Rolle. Es ist daher in Frage zu stellen, ob ein Ausbau der
Infrastruktur in unterentwickelten oder in allgemein zurückgebliebenen
bzw. zurückbleibenden Gebieten mit dem Zweck, durch Industrieansiedlung
einen höheren Industrialisierungsgrad oder ein höheres Einkommensniveau
zu bewirken, überhaupt eine sinnvolle oder wirksame Maßnahme zur Förderung
solcher Gebiete darstellt. In Nordrhein-Westfalen gibt es offenbar
keinen "Mangel" an Infrastruktur, da sogar die Nahwanderer (Wanderungen
bis 20 km) von der Ausstattung her auch nur zweitrangige neue Standorte
ausgewählt haben - die Nebenerscheinungen einer guten Ausstattung (z.B.
Bodenpreise) scheinen für Standortentscheidungen wichtiger zu sein. Und
schließlich muß auch daran erinnert werden, daß Total- wie Teilverlagerungen
eines Industriebetriebs nicht nur mögliche Vorteile für den Ansiedlungs-
ort mit sich bringt, sondern komplementär auch mögliche Nachteile für den
verlassenen hat. Da ohne Zweifel im Bereich der von Industriebetrieben nach-
gefragten Infrastruktur der Verkehrsinfrastruktur besondere Bedeutung zukommt und deren Neubau oder Ausbau vergleichsweise erhebliche Kosten erfordert, ist zu fragen, ob der zu zahlende Preis für die nur schwach
nachzuweisenden bewirkten Anreizeffekte für die Industrieansiedlung gegenüber anderen (billigeren) Förderungsmöglichkeiten gerechtfertigt werden
kann, jedenfalls, wenn der Verkehrsausbau überwiegend mit derartigen ver-
muteten Wirkungen auf die Attraktivität für Industrieansiedlungen begründet wird.

Der Zusammenhang zwischen dem Niveau der Nahbereiche nach der Qualität der
in ihnen vorhandenen Arbeitsplätze und dem Wanderungsverhalten scheint zunächst, betrachtet man die Betriebe insgesamt, nicht gegen die These zu
sprechen, regionale Mobilität unterstütze eine beschäftigungsmäßig qualitative Aufwertung von Standorten, die der Aufwertung bedürfen. Jedoch haben
die Untersuchungsergebnisse gezeigt, daß Betriebe aus Branchen mit quali-
tativ hochwertigen Arbeitsplätzen in der Regel Standorte bevorzugen, die
bereits eine aus regionalpolitischer Sicht positiv zu bewertende Arbeits-

marktlage aufweisen: Betriebe aus Branchen durchschnittlich niedriger Arbeitsplatzqualität dagegen (z.b. Betriebe der Bekleidungsindustrie) wandern in Nahbereiche, in denen ein Großteil der ansässigen Betriebe zu Branchen gehört, die eine ungünstige Beschäftigungsstruktur aufweisen. Die Ergebnisse dieser Untersuchung deuten darauf hin, daß die industrielle Mobilität Segregationstendenzen zeigt, die regionalpolitischen Vorstellungen vom Abbau räumlicher Disparitäten zumindest nicht dienlich sind, ihnen wahrscheinlich sogar entgegenwirken.

Daraus ergibt sich die Frage nach den Möglichkeiten einer Beeinflussung von Standortentscheidungen, die die Attraktivität förderungsbedürftiger Gebiete für die Ansiedlungen auch solcher Betriebe erhöht, die nicht auf eine für sie günstige Konkurrenzsituation im neuen Standort angewiesen sind, weil sie aufgrund der Qualität der von ihnen angebotenen Arbeitsplätze keine Engpässe bei der Beschaffung von Arbeitskräften befürchten müssen. Dabei sollte nicht nur der Frage nachgegangen werden, mit welchen Instrumentarien förderungsbedürftige Gebiete aufgewertet werden können - finanzielle Förderung von Betriebsansiedlungen dürfte in der Regel eher aus anderen Standorten verdrängte Betriebe anziehen, die aus Kostengründen den alten Standort nicht halten können, als expandierende Unternehmen; es stellt sich ebenso die Frage, ob es Möglichkeiten gibt, die hohe Attraktivität von Standorten mit ausgeglichener, d.h. regionalpolitisch positiv zu bewertender Beschäftigungsstruktur zumindest ansatzweise noch weiter zu verringern als es die zum Teil bestehenden Agglomerationsnachteile schon tun, um dadurch die Standortbedingungen in förderungsbedürftigen Arbeitsmärkten relativ zu verbessern. Beispiele entsprechender Maßnahmen wären: innerhalb unserer Rechtsordnung mögliche Niederlassungsbeschränkungen, z.B. über eine restriktive Bauleitplanung, oder erheblich verschärfte Umweltbestimmungen, die durch die Festlegung von "Umweltzonen" verschiedener Kategorien so wirken könnten, daß Betriebe einen nach ihrer eigenen Einschätzung suboptimalen Standort in förderungsbedürftigen Gebieten auszuwählen genötigt sind. Die Begründung einer solchen umweltorientierten Politik stößt noch auf erhebliche definitorische und Durchsetzungsprobleme und dürfte daher kurzfristig nicht zum Tragen kommen. Auch dürften Restriktionen für Betriebsansiedlungen in bestimmten Standorten zumindest in Zeiten geringen wirtschaftlichen Wachstums auf große politische Schwierigkeiten stoßen, wenn nicht mehr ein Zuwachs an Arbeitsplätzen regional umverteilt werden kann, sondern eine Stärkung der schwachen Standorte allenfalls durch eine räumliche Umsetzung der bereits vorhandenen Arbeitsplätze in Frage kommt.

Regionalpolitisch zielkonform wäre eine offensive Informationspolitik zur Unterstützung bzw. Beeinflussung unternehmerischer Standortentscheidungen, die das Angebot an Standortalternativen - nicht nur in bezug auf den Arbeitsmarkt - transparent macht.

Eine andere, sich nach der Interpretation der Untersuchungsergebnisse anbietende Möglichkeit, in schwach strukturierten Gebieten eine Verbesserung der Arbeitsbedingungen zu erreichen, könnte in der verstärkten Förderung - ausgewählter - ansässiger Betriebe gesehen werden, um positiv bewertete Beschäftigungsmöglichkeiten zu sichern und möglicherweise sogar eine wirtschaftliche Expansion solcher Betriebe zu initiieren, die zusätzliche "autochtone" Arbeitsplätze schafft und damit zu einer Strukturverbesserung des jeweiligen regionalen Arbeitsmarktes beiträgt.

Ohne Zweifel können diese Vorschläge möglicher alternativer Maßnahmen und Instrumentarien zur Förderung der regionalpolitischen Ziele in der Bundesrepublik weiter ergänzt werden - dies sollte aber Thema anderer Untersuchungen sein. Die hier dargestellte Untersuchung hat gezeigt, daß sowohl der regionalpolitisch gezielte Ausbau von Verkehrsinfrastruktur als auch finanzielle Anreize zur Förderung der Mobilität von Industriebetrieben zweifelhafte Wirkung haben und daß mit Berechtigung vermutet werden kann, daß sie (durch die Überprüfung der industriellen Mobilität von 1958 bis 1971 in NRW) regionale Disparitäten der Beschäftigungsstruktur erhöht haben. Die Verfasser hoffen, daß dies auch für andere Begründung und Anreiz ist, die Förderungsproblematik neu zu überdenken.

Erläuterungen und Zeichenerklärungen für die Übersichten 4.8 und 4.9

1) Indikator 1   - Veränderung der Beschäftigtenzahl innerhalb eines Jahres
(s. S. 75)

  Indikator 2   - Arbeiteranteil (s. S. 75)

  Indikator 3   - Löhne (s. S. 75)

  Indikator 4   - Gehälter (s. S. 75)

2) Laufkomplex 1 - der Konkurrenzindex Typ 2 der Nahbereiche wurde benutzt
(s. S. 95 und S. 123)

  Laufkomplex 2 - der Konkurrenzindex Typ 2 der Nahbereiche wurde benutzt,
die Zu- und Abwanderungsbetriebe sind aber nur die, die
niedrige Arbeitsplatzqualität aufweisen (s. S. 96 und
S. 123)

  Laufkomplex 3 - der Konkurrenzindex Typ 1 der Nahbereiche wurde benutzt
(s. S. 95 und S. 123)

  Laufkomplex 4 - der Konkurrenzindex Typ 2 der Nahbereiche mit Einbeziehung des Anteils des größten ansässigen Betriebs wurde
benutzt (s. S. 99 und S. 124)

  Laufkomplex 5 - der Konkurrenzindex Typ 1 der Nahbereiche mit Einbeziehung
des Anteils des größten ansässigen Betriebs wurde
benutzt (s. S. 99 und S. 124)

3) K: komplementaritätsorientierte Berechnung der relativen Arbeitsplatzqualität

  S: substitutionsorientierte Berechnung der relativen Arbeitsplatzqualität
(s. S. 86)

4) In diesem Fall besteht die Basisverteilung aus den Konkurrenzindizes der
Nahbereiche der jeweiligen Größenklasse.

Legende:

siehe Faltblätter